JN060545

伝承や古典にのこる！

日本の怖い妖怪

山の妖怪たち

もくじ

妖怪は深山に棲む

来る者を拒む険しい山。深い谷。
そこは神々の領域であり、妖怪たちの住処でもある。

植物は道を閉ざし、動物は凶暴さを増す。

長く人の住まなくなった山寺に踏み込んではいけない。
中には人を食らう何かが待ち構えているかもしれないから……。

山をまたぐ巨大な影に驚いてはいけない。
気づかぬふりをすれば見逃してもらえるかもしれないから……。

本能のままに振る舞う、大自然の中の妖怪たち。
この巻にあるのは、そんな彼らの日常である。

▲「百鬼夜行絵巻」国際日本文化研究センター所蔵（部分）

本書の「ココに登場！」コーナーは、民間伝承や原典を参考にしながら、現代語で簡潔にまとめたものです。
また、本文中の参照表記で㊚は別巻「里の妖怪たち」、㊌は「水辺と道の妖怪たち」をあらわしています。

巻頭言

日本の豊かな妖怪文化を学び楽しもう

小松 和彦

「妖怪」ということばから、皆さんは何をイメージしますか? テレビ・アニメの「妖怪ウォッチ」や「ゲゲゲの鬼太郎」などに登場する、怪しげな姿をした、ときには人間に危害を加える存在でしょうか? あるいは、絵本などに描かれている、怖いけれどもちょっと間抜けな面もある、鬼や山姥、天狗などでしょうか?

妖怪とは、改まったときに使う新しい言葉で、世間では昔から「化け物」とか「魔物」「お化け」「あやかし」などといった言い方が広く使われていました。とくに「お化け」は子どもたちの間で使われることばでした。

妖怪は、もとは洪水や地震、疫病など人間に害をなすさまざまなできごとを説明するために使われたことばです。たとえば、洪水は大蛇が引き起こしたと考え、疫病は鬼の活動によって引き起こされたものだと考えたのです。今では、洪水や地震、疫病の発生原因を科学的に説明できますが、科学が発達していなかった昔は、妖怪を想像することで説明しようとしたのです。ところが、時代が下るにつれて、物語の中のキャラクターへと変化してきました。信仰上の対象から娯楽文化の一部となったわけです。

山の妖怪たち

妖怪は、さまざまなところに住んでいました。山にも、川や沼にも、村や町のはずれにも、そして家の中にも住んでいました。とはいっても、そうした場所で必ず妖怪に出会うわけではありません。人間は妖怪と出会うことを避けて生活しているのですが、たまたま妖怪と出会ってしまったというのがほとんどのようです。

こうした妖怪をめぐる話は、昔からたくさん語られてきました。また、絵本などではその姿かたちも描かれました。妖怪をめぐる話は、どこの国や民族でも語られてきましたが、日本の場合、驚くほどたくさんの種類の妖怪が描かれてきたというところに特徴があります。これらの妖怪を大きく分けると、自然をもとにした妖怪、道具をもとにした妖怪、人間をもとにした妖怪に分けることができますが、妖怪の出没する場所によって、たとえば、里や家などに出る妖怪、山に出る妖怪、海や川などの水辺や道に出る妖怪と分けることもできそうです。また、妖怪にも盛衰がありますので、古い時代の妖怪、新しい妖怪といった歴史的な観点からも分けることができるでしょう。

この本では、歴史的な観点からの分類や出没場所による分類をもとに整理しながら、代表的でかつ興味深い妖怪の姿かたちを示し、簡単な解説をつけることにしました。

全三巻のうち、今回の巻は、「山の妖怪たち」です。

現代の日本人にとって、私たちの先祖が想像力を駆使して生み出した多様な姿かたちの妖怪たちを眺めるのは、ちょっと怖いけれども、とても楽しいことです。妖怪を通じて、日本の歴史や民俗の一端を学んでいただければ幸いです。

▼「妖怪絵巻」国際日本文化研究センター所蔵（部分）

青鷺火

森に出る妖怪

時代
じだい

鎌倉時代

出典
しゅってん

今昔画図続百鬼、耳嚢
絵本百物語、吾妻鏡

出現場所
しゅつげんばしょ

全国各地
ぜんこくかくち

特徴
とくちょう

夜、鷺が発光する怪異。

青鷺火は青鷺という鳥が夜、光りながら飛んでくる怪異（化物や不思議な出来事）で、鎌倉時代の歴史書「吾妻鏡」にも書かれている。青鷺のほかに五位鷺も光るらしく、五位の火、五位の光とも呼ばれる。

鳥の体に付いた水辺のバクテリアが光ってみえるのだという説もあるが、最近、京都の伏見稲荷で火のついたロウソクをくわえて飛び去るカラスが目撃されたという。青鷺や五位鷺が火のついた松明などをくわえて飛んだのが妖怪・青鷺火の正体だったのかもしれない。

江戸時代の随筆「耳嚢」にも五位鷺の怪異として、幽霊を喰った男の話が記されている。

ココに登場! 根岸 鎮衛・著、志村 有弘・訳「耳袋の怪」より

文化二年の秋のこと。四谷の者が夜中、白い装束をした者が先に行くのを見ると、腰から下が見えないので幽霊かと思い、あとをつけていった。振り返ったのを見ると、大きな目が一つ光っているので、抜き打ちに切りつけて殺すと、大きな五位鷺であった。そのままかついで帰り、若い友達が集まって調味して食べたという。これぞ、幽霊を煮て喰ったと、もっぱら巷の話となったということだ。

▲青鷺

豆知識 青鷺、五位鷺のほかにも鴨や雉など、山鳥は夜飛ぶときに羽が光るという話も伝わっている。

青坊主

山に出る妖怪

時代

江戸時代

出典

画図百鬼夜行

伊那 大草辺の民話・伝説

出現場所

全国各地

特徴

青い一つ目の坊主。

　絵師・鳥山石燕の「画図百鬼夜行」に登場する妖怪。一つ目の僧侶の姿をしていて、草ぶきの家の前にたつ姿で描かれているが、どんな妖怪なのかは説明されていない。

　そんな青坊主の伝承は全国に残っている。岡山県では青い大坊主が空き家に出るといい、静岡県では春の夕暮れに麦畑から現れてこどもをさらうという。香川県では女の人に首つりを勧め、ことわると消えるが無視するとむりやり首つりにしてしまうと伝えられているようだ。

　東北では、学校のトイレで便器から青坊主が顔を出したという話も伝わっている。

ココに登場！ 下平加賀雄「伊那　大草辺の民話・伝説」より

　とある松の木の周りを、息を止めて七回まわると青坊主が出て「石踏むな、松折るな」と告げる。この松の木は、とある淵に住んでいた大鯉が人間に生け捕りにされそうになって大暴れしたときに、村人達が大鯉を鎮めようと植えた木だと言われている。

鳥山石燕「画図百鬼夜行　青坊主」国立国会図書館デジタルコレクションより▶

豆知識 石燕の青坊主の絵は、江戸時代中期の絵師・佐脇嵩之の描いた「目一つ坊」を参考にしたとされている。

天邪鬼

山に出る妖怪

時代
じだい

平安時代
へいあんじだい

出典
しゅってん

旧事紀、和漢三才図会
くじき　　わかんさんさいずえ

遠野の昔話
とおの　むかしばなし

出現場所
しゅつげんばしょ

全国各地
ぜんこくかくち

特徴
とくちょう

へそまがりな鬼の妖怪。

とにかく人とはちがう意見をいったり、頼まれたことは絶対しなかったり……。そんな、へそまがりな性格の人を天邪鬼というが、もともと天邪鬼というのは仏教の説話に登場する仁王や毘沙門天に懲らしめられる鬼（→㊢・p14）の一種で、人の心を読んで悪さをするといわれていた。

天邪鬼という名前は有名だが、山姥（→p53）や山彦（→p54）のことを天邪鬼と呼ぶ地域もあり、とくに姿形は決まっていないようだ。

天邪鬼をふんでいる姿の仏像や、寺院の建物などに天邪鬼の彫刻が残っていることも多い。参拝したときに、探してみるといいだろう。

ココに登場! 佐々木喜善「遠野の昔話　瓜子姫子の話」より
ささききぜん　とおの　むかしばなし　うりこひめこ　はなし

瓜から生まれた瓜子姫子は、機織りが得意な美しい娘に育った。だが、育ててくれた爺と婆が留守の間に天のじゃくが家に押し入って瓜子姫子を食い殺し、その皮を被って瓜子姫子になりすましてしまう。機織りの音がおかしいことで天のじゃくが瓜子姫子に化けていることを見抜いた婆は、背後から斧で頭を撃ち割って殺し、瓜子姫子のかたきを打ったのだった。

左甚五郎「仁王門を支える天邪鬼像」埼玉県安楽寺▲
ひだりじんごろう　におうもん　ささ　あまのじゃくぞう　さいたまけんあんらくじ

豆知識 須佐之男命の息から生まれた女神「天逆毎」が天邪鬼のもとになったという説もある。
まめちしき　すさのおのみこと　いき　　　　　めがみ　あまのざこ　　　あまのじゃく　　　　　　　　　　せつ

一反木綿

山に出る妖怪

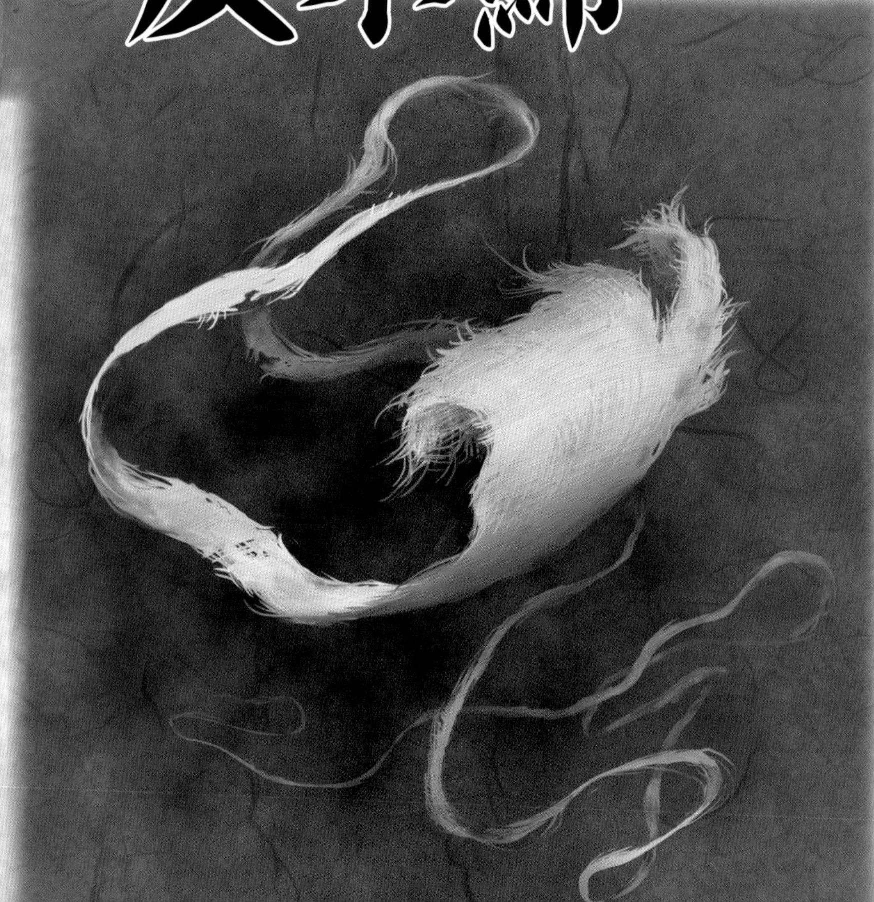

時代

江戸時代

出典

大隅肝属郡方言集
江戸諸国百物語

出現場所

鹿児島県
全国各地

特徴

空中を漂う布の妖怪。

「一反」は織物の大きさの単位で、長さ約10.6m、幅約30cm。そんな大きさの布が空中をひらひらと飛んでくるのが、妖怪・一反木綿だ。

九州地方で出た妖怪で、目も口も手足もなく、しゃべることもない。アニメや漫画で登場する姿とはすこしイメージがちがうかもしれない。

ただ布が飛んでくるだけなら怖くはないが、通りかかった人の首に巻きついて窒息死させたり、神社の前でこどもを襲ったりしたという話も残っている。

一反木綿は平成以降も目撃されつづけているという。どこかで会えるかもしれない。

ココに登場!「江戸諸国百物語　一反木綿」より

肝属郡高山で霧の深い夜、侍が野山を歩いていた。すると目の前にひらひらと近づいてくるものがあり、侍の腰に巻き付いてくる。とっさに刀を抜いて斬りつけてみたが、それは平たく、刀がすり抜けてしまった。再度角度を変えて斬りつけその物体を両断すると、腰に巻き付いていた部分はひらりと落ち、残った部分はひらひらと飛び去ってしまった。刀の切っ先には、べっとりと血がついていたという。

▲大隅高山（鹿児島県肝付町）

豆知識　愛知県佐久島には「布団かぶせ」という妖怪がおり、「フワッと来てスッと被せて窒息させる」といわれている。

一本だたら

山に出る妖怪

時代

特定不能

出典

日本怪異妖怪大事典
妖怪事典

出現場所

和歌山県
奈良県

特徴

人を襲う一本足一つ目の妖怪。

和歌山県と奈良県のさかいにある果無山脈で、12月20日にだけ現れる妖怪が一本だたらだ。

皿のような目をした猪の妖怪で、体には一本の足しかないとされている。むかし、丹誠上人という僧侶が多くの妖怪を封印したとき、その条件として、一本だたらだけは「果ての二十日（12月20日）」に解放されることになったらしい。そのため地元の人々は、一本だたらが出てくる「果ての二十日」には山に入らなかったようだ。

「猪笹王」として知られる猪の妖怪が退治されたあと一本足の鬼となり、一本だたらと呼ばれるようになったという伝承も残っている。

ココに登場！「妖怪事典　猪笹王」より

天ヶ瀬の射場兵庫という鉄砲の名手が、伯母ヶ峰の奥深くで背中に熊笹の生えた大猪を撃ち倒した。その数日後、足を痛めた野武士が紀州湯の峰の温泉に湯治に来たが、その正体は背中に熊笹の生えた怪物であった。怪物は温泉宿の主人に頼んで兵庫の鉄砲と犬を渡すよう交渉したが叶わず、そのまま息絶えてしまった。怪物の亡霊は足が一本の鬼の姿となり、旅人を襲うようになったという。

一本だたらの伝承が残る大台ケ原の森（奈良県）▲

豆知識 果ての二十日に人通りがなくなることから果無山脈という名前がついたといわれている。

苧うに

山に出る妖怪

時代

江戸時代

出典

画図百鬼夜行、百怪図巻
妖怪事典

出現場所

特定不能

特徴

口が耳まで裂けた鬼女。

苧うにの「苧」は、カラムシ（イラクサ科の植物）や麻など、植物の繊維からつくられた糸のことだ。

妖怪の髪や体をおおってる長い毛が、積みあげられた苧の束と似ているということで「苧うに」と名づけられたらしい。

絵師・鳥山石燕の「画図百鬼夜行」に描かれている妖怪だが、絵師・佐脇嵩之の「百怪図巻」では「わうわう」という名前で紹介されている。

どんな妖怪かは書かれていないが、山姥（→p53）の一種だという説や、山のなかの小川に水を飲みにきた人を襲って食べる妖怪だという説などがあるようだ。

ココに登場! 「妖怪事典　苧うに」より

ある女が夜に苧を績んで※いると山姥が現れて、一晩泊めてくれと頼んだ。泊めてもらった山姥は、女が居眠りしながら苧を績んでいるのを見ると「二三把よこせ。俺が績んでやる。」と言って苧の束を受け取り、全て炉で焼いて灰にしてしまった。そしてその灰を舐めては口から糸を引き出し、あっという間に桶一杯の糸を績んでしまったという。

※績む…糸を長くよりあわせること

鳥山石燕「画図百鬼夜行　苧うに」国立国会図書館デジタルコレクションより▶

豆知識　カラムシで織った新潟県の「越後上布」と「小千谷縮織り」は、ユネスコの無形文化遺産にも登録されている有名な織物だ。

大百足

山に出る妖怪

時代

鎌倉時代

出典

太平記、俵藤太物語
江戸諸国百物語

出現場所

滋賀県

特徴

山より巨大な百足の化け物。

平安時代の武将、俵藤太(藤原秀郷)が退治した妖怪が大百足だ。近江国(現在の滋賀県あたり)の三上山を七周半もするほどの大きさだったという。

俵藤太は三上山の大百足退治で有名だが、藤太の地元、日光山と赤城山にも大百足の伝説がある。俵藤太は百足に縁のある武将なのかもしれない。

「御伽草子」では、琵琶湖の龍神が俵藤太に大百足の退治を頼んだと伝えられている。龍神(蛇)と百足はむかしから仲が悪かったようで、中国では「大きくなった百足が空を飛ぶようになり、それを恐れた龍が雷で打ちおとす」と書かれた本もある。

ココに登場! 「江戸諸国百物語　大ムカデ」より

弓の名手・俵藤太の前に龍神の娘が現れ、三上山の大ムカデ退治を依頼する。引き受けた藤太が三上山に向かうと山を七回り半もする巨大なムカデが現れた。藤太は矢を放つがことごとくはね返されてしまう。矢が最後の一本になったとき、龍神の娘が教えてくれた大ムカデの弱点を思い出した藤太は、唾をつけた矢尻でムカデの眉間を射貫き、見事退治することができたのだった。

▲大百足伝説が残る三上山

豆知識　三上山は滋賀県野洲市にある標高 432m の山。近江富士としても知られている。

おとろし

山に出る妖怪

時代

江戸時代

出典

画図百鬼夜行、百怪図巻
東北怪談の旅

出現場所

秋田県
福島県

特徴

髪が長く、上から落ちてくる妖怪。

　絵師・佐脇嵩之の「百怪図巻」や室町時代の「百鬼夜行絵巻」など、多くの絵に描かれている妖怪・おとろし。「おどろおどろ」「おとろん」「毛一杯」などの名前で登場することもあるが、どんな妖怪なのかはわかっていない。

　恐ろしいという言葉から生まれた妖怪だという説もある。昭和時代の解説書には、神社で悪さをしている者がいると突然上から落ちてくる妖怪と書かれている。

　秋田県にある「さへの神坂」では、小雨の降る夕方にぬらりひょん（→㊢・p43）と一緒におとろしが出るという話がある。

ココに登場! 山田野理夫「東北怪談の旅　オトロシ」より

　明治のはじめ、寺詣でをしない不信心な男がいた。母が死に、寺で弔いをすることになったが、男が母の棺に続いて山門を潜ろうとすると、門の上から太い腕が伸びてきて、男を吊り上げてしまった。男は足をバタバタさせて降りようとしたが、弔いが終わるまで降りることはできなかった。男をつり上げたのはオトロシというものである。不信心な男が山門を潜るのをオトロシが嫌ったのだと人々は噂した。

鳥山石燕「画図百鬼夜行　おとろし」国立国会図書館デジタルコレクションより▶

豆知識　「化け物尽くし絵巻」によれば、おとろしは高さ8尺（約 2.4m）、体は8畳ほどで、口の幅が11尺（約 3.3m）もあるという。

鬼火

時代

江戸時代

出典

和漢三才図会
今昔画図続百鬼

出現場所

全国各地

特徴

飛びまわる炎の怪異。

青い火がふわふわと飛びまわったり、あつまったりする鬼火。生きている人間を襲い、精気を吸いとるともいわれている。炎の妖怪だが、雨の日に現れることが多いという。

叢原火(→㊙・p34)や提灯火(→㊙・p37)、古戦場火(→p23)などが鬼火の一種とされ、全国で目撃されている。

鬼火とよく似た怪異に人魂や狐火（→p22）があるが、人魂は人の魂がぬけて飛びまわるもの、狐火は狐がおこした火が正体で、鬼火とは別の妖怪ということらしい。

ちなみに鬼火はさわっても熱くないそうだ。

ココに登場! 「和漢三才図会」より

田野に現れる燐光は、戦死した人や牛馬の血が土に染みこんで、年月を経てから変化したもので、みな精霊の極みである。色は青く、形は松明の火のようで、集まったり散ったりして、人に近づいてはその精気を吸う。ただ馬の鐙を打ち合わせて音をたてると消滅する。

「和漢三才図会」提供：人文学オープンデータ共同利用センター▶

豆知識 「ウィル・オ・ウィスプ」「ジャック・オー・ランタン」など、世界各地でさまざまな鬼火の伝承が伝えられている。

元興寺

山門にすむ妖怪

時代
飛鳥時代

出典
日本霊異記、画図百鬼夜行
江戸諸国百物語、妖怪事典

出現場所
奈良県

特徴
元興寺の山門に住みついた鬼。

奈良市にある元興寺は、平城京を守るために都の鬼門の方角(北東)に建てられた寺院だ。都を襲いにきた鬼(→㊙・p14)たちは元興寺があることで都に入れなかった。困った鬼たちは寺の山門に住みつき、鐘つきの童子を殺したりするようになった。

のちに雷神の力をもつ小僧が現れ、山門の鬼たちを退治した。この話が元興寺に伝わる鬼の話として評判になり、各地にひろまっていくうちに「元興寺」という名前の妖怪だということになってしまったようだ。

ほかにも、「がごじ」「ぐわごぜ」「がんごう」「がんご」と呼ばれることもある。

ココに登場!「江戸諸国百物語　元興寺」「妖怪事典」より

雷神の願いを聞いた農民が、力の強い子供を授かった。子供は成長すると朝廷での力試しに勝って元興寺の小僧になり、寺の山門の鬼を退治することになった。小僧は鬼と激しく戦ったがなかなか勝負がつかない。そのうち朝が来て鬼が退散しようとすると、小僧は鬼の後ろ髪をつかんで引き抜いた。鬼は逃げ去り、それ以降元興寺には現れなくなったという。小僧が引き抜いた鬼の髪は寺の宝蔵に納められたそうだ。

「新版妖怪飛巡雙六　ぐわごぜ」国際日本文化研究センター所蔵▲

豆知識 元興寺は奈良時代に建立された南都七大寺のひとつ。「古都奈良の文化財」の一部として、世界遺産にも登録されている。

カシャンボ

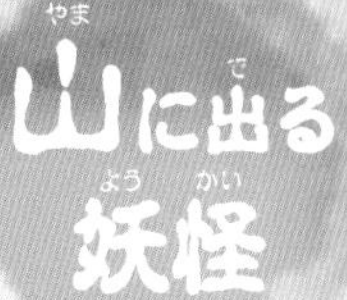

時代

特定不能

出典

日本怪異妖怪大事典
狼其他の話

出現場所

和歌山県

特徴

河童が山で変化した妖怪。

夏の間は川にいる河童(→㊌・p26)が、冬になると山に入ってカシャンボになる。6,7歳ぐらいのこどものような姿で青い服を着ているカシャンボは、山童(→p55)に似た特徴をもった妖怪だ。

和歌山県東牟婁郡高田村では毎年新宮川を遡ってきた河童たちが、カシャンボになるために山に入る。そのとき、村内のある家に小石をひとつずつ投げこんであいさつしていくと伝えられていた。

カシャンボになっても性格は河童のときと変わらない。山のなかでも牛や馬に悪さをするそうなので油断は禁物だ。また、一本足だとも、水鳥のような足跡を残すともいわれている。

ココに登場! 真砂光男「狼其他の話」より

和歌山県西牟婁郡富里村のカシャンボは一本足で、雪の降った翌日には足跡が残る。山に入った人間に角力を取ろうと誘ってくるが、手に唾をつけてから挑めば勝てる。馬の荷積みを邪魔することが多く、右から荷物を積んでいると左に回って荷物を下ろしたりする。そのとき馬の腹の下から覗いてみると一本足の細い怪物が立っているのが見えるという。

カシャンボはこんな場所から山に入ったのかもしれない(新宮川に続く桑の木滝)▲

豆知識 冬の間カシャンボになる河童は、紀伊では「ゴウライ」「五来法師」とも呼ばれている。

蟹坊主

廃寺に住む妖怪

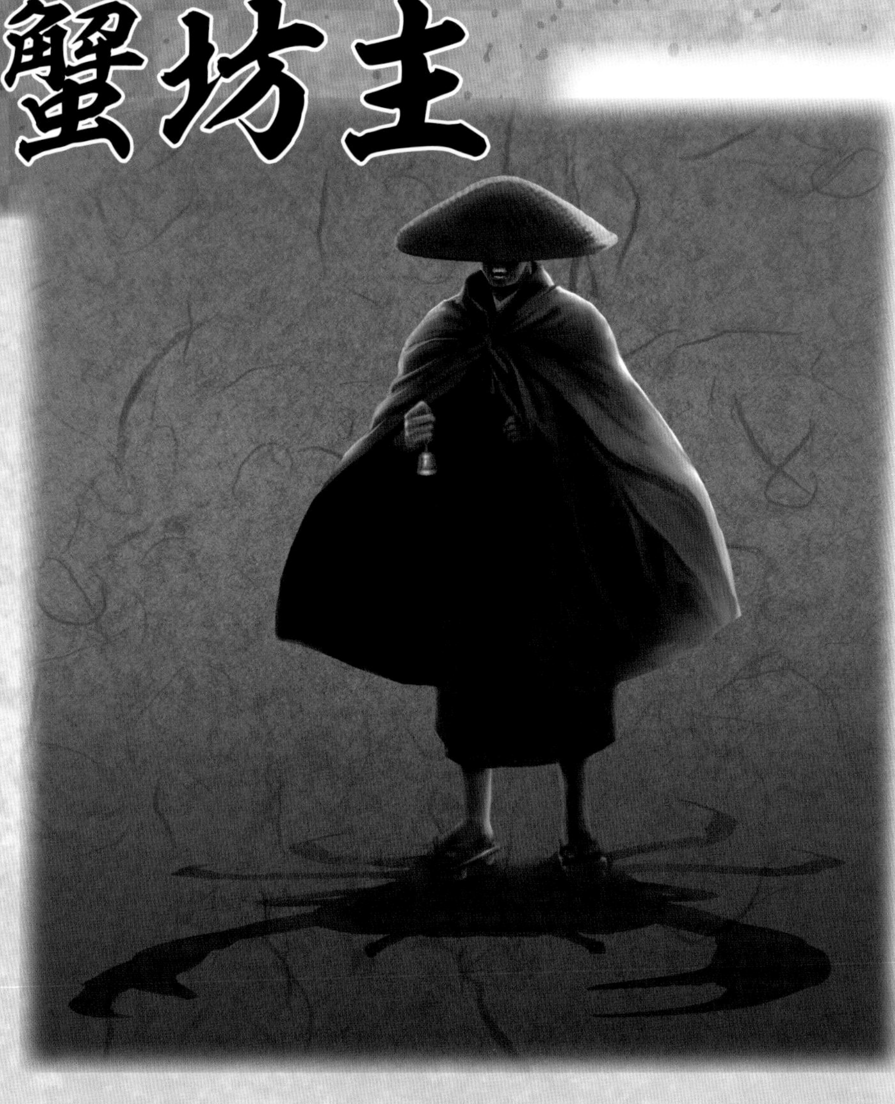

時代

特定不能

出典

日本怪異妖怪大事典
江戸諸国百物語

出現場所

全国各地

特徴

廃寺に住む蟹の妖怪。

蟹坊主は住職がいなくなった廃寺に住む蟹の妖怪。普段は身長 3m もある雲水（僧侶）の姿をしていて、「足が八本で、大きな足が二本、横に自在に動き、目が天を向くものは何だ」という謎かけをしてくる。その正体は巨大な川蟹だ。

旅の僧侶に退治される話が、山梨県山梨市の長源寺、石川県珠洲市の永禅寺、富山県小矢部市の本叡寺などで伝わっている。

なかでも長源寺では、「蟹の爪跡」といわれる穴のあいた石や、蟹がにげた場所が「蟹追い坂」、「蟹沢」という地名になって残っている。興味のある人は訪れてみるといいだろう。

ココに登場！「江戸諸国百物語　蟹坊主」より

甲斐東部万力村の長源寺は妖怪が出るという噂で住職が居つかず、荒寺になっていた。あるとき、旅の僧が寺に泊まると真夜中になって身の丈十尺もの怪僧が現れ「両足八足、大脚二足、横行自在にして眼、天を差す時如何」、と問答をしかけてくる。旅の僧は「お前は蟹だ！」と叫び、怪僧の背に独鈷を突き刺すと怪僧は逃げだした。翌朝、村人達が怪僧の残した血の痕をたどっていくと、大きな甲羅をもつ川蟹が死んでいたという。

独鈷は煩悩を打ちくだくという密教の仏具▲

豆知識　蟹坊主の伝説は、狂言の「蟹山伏」がもとになっているともいわれている。

鎌鼬

山に出る妖怪

時代

江戸時代

出典

画図百鬼夜行、妖怪事典
古今百物語評判

出現場所

全国各地

特徴

風と共に現れ、人を切りつける。

寒い日に山道を歩いていると、つむじ風が吹きぬけたとたんに足などに鎌で切られたような傷ができる。それは妖怪・鎌鼬のしわざで、傷口はひらいているのに痛みもなく血もでないという。

もともと鎌鼬という妖怪は姿が見えないとされていたのだが、江戸時代に鳥山石燕が描いた手が鎌になっているイタチの絵が有名になってからは、その姿で知られるようになった。

飛騨（今の岐阜県）の伝承によれば鎌鼬は三人づれの悪神で、一人目の神が人を倒し、二人目が切りつけ、三人目が薬をぬって去っていくので痛みも出血もないのだと伝えられている。

ココに登場！ 各地の鎌鼬 「妖怪事典」他より

愛知県では飯綱と呼ばれる妖怪がいて、切られた後に血を吸われるという。高知県や徳島県では野鎌といい、墓場で使った鎌が化けたものと言われている。新潟県三島郡ではカマキリの妖怪とされ、切られると黒い血が出て苦しむという。他にも、神奈川県では鎌風、静岡県では悪禅師の風と呼ばれるなど、全国で鎌鼬に似た妖怪の話が伝わっている。

鳥山石燕「画図百鬼夜行　窮奇」国立国会図書館デジタルコレクションより▶

豆知識 「鎌鼬」は俳句では冬の季語として扱われる。ちなみに「百物語」は夏の季語。

キジムナー

森に出る妖怪

時代

特定不能

出典

日本怪異妖怪大事典
南東研究

出現場所

沖縄県

特徴

魚捕りが得意な木の精霊。

沖縄で、髪も体も真っ赤なこどもを見かけたらそれはキジムナーかもしれない。正体は古くなった木の精霊で、飛び跳ねるように歩くといわれている。村人と仲良くなるキジムナーも多く、人間の家に嫁いだキジムナーもいたようだ。

魚を捕るのが得意なキジムナーの大好物は、魚の左目。キジムナーと一緒に漁に出ると、船が魚であふれるほどの大漁になるが、とれた魚は必ず片目を食べられているといわれている。

普段はおとなしいキジムナーも、住み家の木を傷つけられると怒って船を沈めたりするらしい。古い木を切るときには注意が必要だ。

ココに登場! 南島研究会「南島研究」より

久米島の真謝に住む男が、家の裏のウスクの木に住むキジムナーと友達になって毎晩魚取りをしていたが、ある日キジムナーをうるさく思った男は嫁に言ってウスクの木を焼かせてしまった。後日、男は那覇の崇元寺の大木に移り住んでいたキジムナーを尋ねたが、キジムナーは住処を焼かれた仕返しに男の目に火をつけて苦しめた。以来、その男の子孫には目の悪い者が続いたという。

キジムナーが住んでいそうなガジュマルの大木▲

豆知識 キジムナーが苦手とするものは、タコ、ニワトリ、熱い鍋蓋、屁だといわれている。

狐

豆知識 九尾の狐は中国・殷の皇帝・紂王の后・妲己に化けて国を滅ぼすが、捕らえられて処刑される。その後インドのマガダ国の王子

時代

平安時代

出典

続日本紀、日本霊異記、遠野物語

出現場所

沖縄県をのぞく
全国各地

特徴

人間やほかの妖怪に化け、人をだましたり、とりついたりする。犬は苦手。

野狐や妖狐、化け狐と呼ばれることもある。狸（→㊌・p36）とならび、人を化かす妖怪の代表が狐だが、狸に比べると気品があるようだ。

そんな狐のなかでも九本の尻尾をもった妖怪・九尾の狐が化けた「玉藻前」は、日本三大悪妖怪のひとつといわれる恐ろしい妖怪で、能や浮世絵、物語の題材にもなってきた。

▲「玉藻前」
国際日本文化研究センター所蔵

九尾の狐はもともと中国の神話に出てくる王室の守り神だったが、美女に化けて皇帝を操ったり、インドで国を滅ぼしたりしたあと、奈良時代に若藻という少女に化け、遣唐使の船で日本に渡ってきたといわれている。

平安時代には玉藻前という女官に化けて鳥羽上皇にとりついていたが、陰陽師・安倍泰成に正体を見破られて逃げだした。

那須野まで逃げた九尾の狐は、鳥羽上皇の討伐軍と戦いつづけたが、最後には倒されて殺生石（→p29）に変化したといわれている。九尾の狐が変化した殺生石は毒を吹き、近づく鳥や動物の命を奪いつづけたそうだ。

何度倒されてもよみがえって悪事を重ねる姿は、さすが日本三大悪妖怪のひとつといえる。

ココに登場！ 柳田国男「遠野物語　狐」より

和野の菊蔵が姉のところでご馳走になり、振舞われた残りの餅を懐にしまって帰る途中のこと。象坪の藤七という友人が相撲を取ろうと声をかけてきた。菊蔵は藤七と相撲を取ったが、今日の藤七はとても弱くて軽く、面白いように投げることができた。藤七は今日はまったく勝てないといって帰っていったが、菊蔵が気がつくと懐の餅がなくなっている。後日酒場で藤七に会った菊蔵がこの話をすると、その日藤七は浜にいて菊蔵には会っていないという。正月休みに皆で集まったときにこの話をすると、他の人々もそれぞれが狐に化かされた話をして大いに笑いあった。

▲北斎季親「きつね」
国際日本文化研究センター所蔵

斑足太子の妃として悪事の限りをつくしていたが正体がばれて飛び去り、さらに周でも幽王の后に化けて国を滅ぼしている。

狐火
（きつねび）

時代（じだい）
江戸時代（えどじだい）

出典（しゅってん）
画図百鬼夜行（がずひゃっきやこう）

出現場所（しゅつげんばしょ）
沖縄県をのぞく（おきなわけん）
全国各地（ぜんこくかくち）

特徴（とくちょう）
正体不明の炎が列をつくる。（しょうたいふめいのほのおのれつ）

　火の気のない場所で、提灯や松明のような炎が一列になってついたり消えたり……。正体をつきとめにいくと別の場所に現れる。

　そんな怪異が狐火で、道のない場所を照らし、方向をまどわすという。

　春から秋の、むし暑くてどんよりした日に現れることが多いとされているが、冬の俳句で狐火が詠まれていたり、東京都北区の王子稲荷神社には、毎年大晦日の夜に出る狐火の話が伝わっていたりする。

　江戸時代に書かれた「本朝食鑑」という本では、馬の骨をくわえた狐が灯をつけていると解説されている。

ココに登場
「王子稲荷神社　境内案内板」より

　王子村には昔、大きな榎の木がそびえていた。毎年大晦日の夜、関東各地から集まってきた狐たちがこの榎の下で装束を整えてから王子稲荷神社にお参りしたという。人々はその狐たちが点す狐火の数で、その年が豊作かどうかを占った。榎の木は昭和四年に、道路工事で切られてしまったが、現在でも狐火の言い伝えを残そうと、地元の人たちによる「狐の行列」が続けられている。

安藤広重「名所江戸百景　王子装束ゑの木大晦日の狐火」国立国会図書館デジタルコレクションより▶

豆知識（まめちしき）　叢原火（そうげんび）（→里・p34）などの「鬼火」（おにび）と似ているが、狐火は鬼火の仲間（なかま）ではないとされている。

古戦場火

山野に出る妖怪

時代
じだい

江戸時代
えどじだい

出典
こせんじょうび
しゅってん

今昔画図続百鬼
こんじゃくがずぞくひゃっき

宿直草
とのいぐさ

出現場所
しゅつげんばしょ

大阪府
おおさかふ

特徴
とくちょう

戦場跡に飛ぶ鬼火。
せんじょうあと・と・おにび

むかし合戦があった場所で、ふわふわと宙をさまよう古戦場火。戦で命を落とした武士の無念が鬼火になって現れたものだそうだ。

姥が火（→㊌・p16）や叢原火（→㊗・p34）とちがい、人に襲いかかってくることはないが、首のない武士が古戦場火と一緒に現れて、自分の首を探して歩きまわったりするともいう。

鬼火の大きさは四、五尺（1.2～1.5m）ぐらいで、四、五個固まってあちこちで飛びまわったり消えたりして、なにかを探しているようだったらしい。

江戸時代、古戦場火にであった者は、念仏を唱えながら帰ったと伝えられている。

ココに登場!
ここにとうじょう
荻田安静「宿直草　戦場の跡、火燃ゆる事」より
おぎたあんせい・とのいぐさ・せんじょう・あと・ひも・こと

ある男が、大坂夏の陣では多くの武士が死に、今でも亡霊が火となって飛んでいると言う。その火を見てみようと言いだす者もいたが、近づけば近づく程、火も遠くなっていくのだと言う。戦から二十年も経っているというのに、武士の無念はまだこんなに残って燃えているのだ。人々は念仏を唱えながら帰るのだった。

大坂夏の陣で討ち死にした木村重成奮戦地（大阪市若江）▲
おおさかなつ・じんう・じ・きむらしげなりふんせんち・おおさかしわかえ

豆知識　「宿直草」で火が飛んだとされる若江の郷は大坂夏の陣で戦場となった場所。現在は公園になっていて、碑が立っている。
まめちしき・とのいぐさ・ひ・と・わかえ・さと・おおさかなつ・じん・せんじょう・ば・しょ・げんざい・こうえん・ひ

23

木霊（こだま）

時代（じだい）
奈良時代（ならじだい）

出典（しゅってん）
古事記（こじき）、画図百鬼夜行（がずひゃっきやこう）、
源氏物語（げんじものがたり）、江戸諸国百物語（えどしょこくひゃくものがたり）

出現場所（しゅつげんばしょ）
特定不能（とくていふのう）

特徴（とくちょう）
樹木の精霊。人の声を返す。（じゅもく）（せいれい）（ひと）（こえ）（かえ）

　樹齢百年をこえるような古い木に宿る木の精霊が木霊だ。普段は木の姿をしているが、怪火や獣の姿になって山のなかをすばやく駆けまわったり、人に恋した木霊が人間の姿になって会いにきたという話も伝わっている。

　山や谷で叫んだ声が戻ってくる「こだま」は、木霊のしわざだといわれる現象だ。

　森のなかの古い木に住む木霊は、人の姿を見ると出てきて、木を守ろうとするらしい。「源氏物語」や平安時代の辞書「和名類聚抄」には、妖怪というより神に近い存在として登場している。

ココに登場！（とうじょう）「江戸諸国百物語　木魅」（えどしょこくひゃくものがたり）（こだま）より

　伊豆国（いずのくに）できこりがいつものように木を伐っていたところ、幹の太い古木（みき）（ふと）（こぼく）を見つけた。その木を伐採しようと斧を振り下ろしたとたん、木の切り口から多量の血が飛び散った。肝が縮むほど驚いた木こりは、その木を伐るのをやめ、それ以来、歳を経た樹木には手を出さないと誓ったという。

鳥山石燕「画図百鬼夜行　木魅」国立国会図書館デジタルコレクションより▶（とりやませきえん）（がずひゃっきやこう）（こだま）（こくりつこっかいとしょかん）

豆知識（まめちしき）　伊豆諸島の青ヶ島では「キダマサマ」、沖縄では「キーヌシー」とも呼ばれている。（いずしょとう）（あおがしま）（おきなわ）（よ）

コロポックル

野に出る妖怪

時代

特定不能

出典

日本怪異妖怪大事典

アイヌの昔話

出現場所

北海道

特徴

蕗の葉の下に住むこびと。

北海道、アイヌの伝承に登場するこびとがコロポックルだ。コロポックルというのは「蕗の葉の下の人」という意味で、「コロボックル」「トィチセウンクル」「トィチセコッチャカムィ」「トンチ」と呼ばれることもある。

こどもぐらいの大きさだと思われることが多いコロポックルだが、北海道には2m以上になる蕗もあるから、コロポックルは意外に大きかったのかもしれない。

コロポックルは妖怪ではなく、実在した民族だったという説もある。今は海の彼方に去り、その姿はもう見られないともいわれている。

ココに登場! 浅井亨「アイヌの昔話」より

ずっと昔、十勝川に沿ってコロポックルたちが住んでいた。背が低く、フキの下にかたまって住むほど小さな彼らは、アイヌの村人にご飯や贈り物を持ってくるのが好きだった。だがある日、村に住む若い一人者がごちそうを差し入れに来たコロポックルの手をつかんでむりやり家の中に引っぱりこんでしまった。引きずり込まれたのは裸の小さな女だったそうだ。コロポックルたちはこの無礼に激怒して、どこかに行ってしまったという。

阿寒湖にあるコロポックルの銅像▲

豆知識 十勝の名は、コロポックルが去るときに残した「トカップチ(水は枯れろっ、魚は腐れっ)」という呪いの言葉に由来するという。

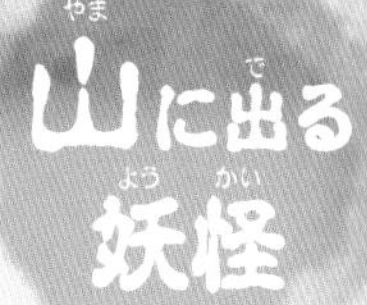

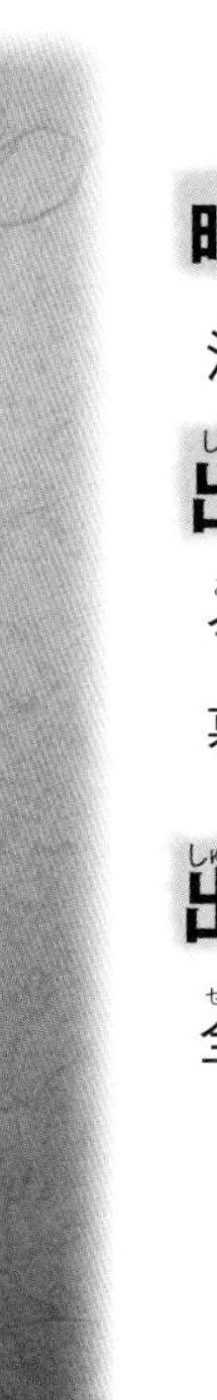

時代

江戸時代

出典

今昔画図続百鬼

暮らしのなかの妖怪たち

出現場所

全国各地

特徴

人の心を見透かす妖怪。

岐阜県飛騨地方の山のなかにすむ妖怪が覚だ。全身、まっくろな長い毛でおおわれた猿のような姿をしていて、人の心を読むといわれている。

山小屋で、木こりや猟師が火をたいてやすんでいると現れ、スキがあれば人を喰おうとする。逃げようとしても、心を読んで先回りされるので逃げられず、鉄砲で狙いをつけてもよけられてしまう。覚に隠し事はできそうにない。

ただ、囲炉裏にくべた薪がはぜて覚に当たったりするような「偶然の出来事」には弱いらしい。覚が現れたら、心を無にして対応するのがいいだろう。

ココに登場! 岩井宏實「暮らしのなかの妖怪たち」より

山梨県大和田山で一人の木こりが木を切っていると覚が現れてゲラゲラと笑った。驚く木こりに覚は「今、怖いと思ったな」と言い、逃げようと思うと「そっちに逃げようとしているな」と、心を読んで先回りをしてくる。こうなったらもうどうしようもないとあきらめた木こりは、覚を無視して薪を割る仕事を続けた。すると、斧が木の節に当たって砕け散り、木の欠片が偶然、覚の目にささった。驚いた覚は逃げていったそうだ。

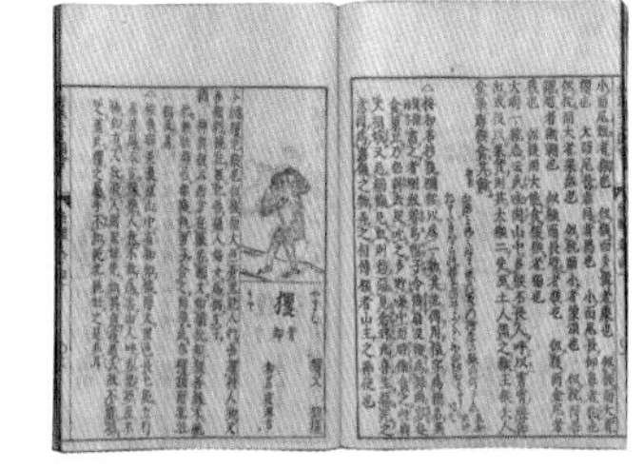

「和漢三才図会　玃」人文学オープンデータ共同利用センター▲

豆知識 江戸時代の百科事典「和漢三才図会」には、覚に似た中国の妖怪「玃」が載っている。覚も中国から来たのかもしれない。

山精

山に出る妖怪

時代

江戸時代

出典

和漢三才図会
今昔画図続百鬼

出現場所

特定不能

特徴

一本足の怪物。塩を盗む。

山精は、あまり有名な妖怪ではない。もともとは中国の河北省につたわる妖怪で、江戸時代の百科事典「和漢三才図会」には「片足のやまおに」として紹介されている。

足は１本だけで、かかとの向きが前後逆についている。カニやカエルをよく食べ、山ではたらく人たちから塩を盗んだり、寝ている人を襲ったりするという。山精に襲われたときは「魃」という名前で呼ぶと身を守ることができたらしい。

あまり強そうには見えない妖怪だが、山の動物たちを支配しているという説もある。油断はしないほうがいいだろう。

コラム　時代による、妖怪の移り変わり

一恵斎芳幾「新板化物づくし」国際日本文化研究センター所蔵▶

古代（～平安時代）	古代の本や伝承には鬼（→㊗・p14）や 土蜘蛛（→p33）が登場する。天狗も現れるが、今とはちがう姿で伝わっている。
中世（鎌倉～安土桃山時代）	百鬼夜行絵巻などで登場する付喪神（→㊗・p38）が流行った時代。俵藤太の大百足退治（→p12）や玉藻前（→p20）の話が人気だった。
江戸時代	カルタやすごろく、読み物などで、愛嬌のある妖怪が数多く登場した時代。豆腐小僧（→㊌・p39）や傘化け（→㊌・p23）に人気があった。

豆知識　山精は「山鬼」とか「やまびこ」とか呼ばれることもある。山彦（→p54）とはあまり似ていないと思うのだが……。

猩々
しょうじょう

時代
じだい

江戸時代
えどじだい

出典
しゅってん

本草綱目
ほんぞうこうもく

礼記
らいき

出現場所
しゅつげんばしょ

全国各地
ぜんこくかくち

特徴
とくちょう

酒が大好きで全身が赤い。
さけ だいす ぜんしん あか

髪の毛が赤く酒が大好物。人の言葉がわかる猿のような妖怪で、山に住む。

山精（→p27）と同じく中国から伝わった妖怪だが、猩々は日本人の生活にとけこみ、色が赤い植物や動物にショウジョウ○○という名前がつけられたり、能の演目になったりもしている。

山梨県には鉄砲で撃たれた猩々の話が残っているが、撃たれた猩々は傷口に草を詰めこんで、ゆうゆうと山に帰っていったそうだ。かなり強い妖怪なのかもしれない。

猩々を祀る神社や、猩々が厄を祓って歩く祭りが各地に残っている。

ココに登場！ 能「猩々」より
のう しょうじょう

むかし、揚子江の傍らに高風という親孝行な男が住んでいた。酒を売れば裕福になるという夢のお告げに従い市場で酒を売り始めたが、毎日店にくる客の中に、どんなに呑んでも酔わない者がいた。高風が名前を尋ねると、猩々だと名乗り、立ち去った。そこで高風が美しい月夜の晩に川辺で酒を用意して待っていると、猩々が現れて共に酒を酌み交わし、舞いを踊った。猩々は泉のように尽きない酒壺を高風に与えて帰っていったという。

名古屋市鳴海・氷上姉子神社の猩々の装束▶
なごやしなるみ ひかみあねごじんじゃ しょうじょう しょうぞく

豆知識 ショウジョウバエという名前は色から連想したのではなく、猩々のように酒に集まってくる習性から名づけられている。

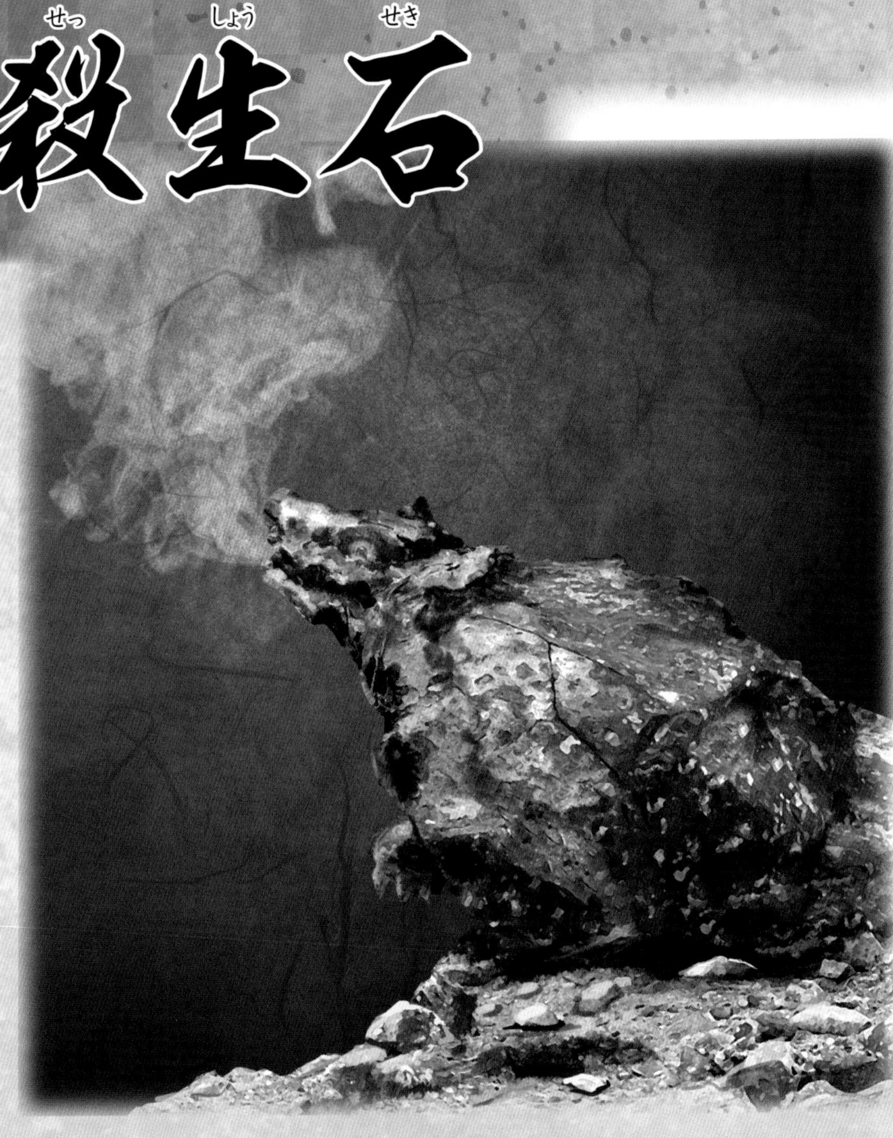

殺生石
（せっしょうせき）

時代（じだい）
平安時代（へいあんじだい）

出典（しゅってん）
御伽草子、奥の細道（おとぎぞうし、おくのほそみち）
絵本三国妖婦伝（えほんさんごくようふでん）

出現場所（しゅつげんばしょ）

栃木県（とちぎけん）
全国各地（ぜんこくかくち）

特徴（とくちょう）
生き物を殺す毒を吹き出す石。（いきものをころすどくをふきだすいし）

平安時代、那須野で鳥羽上皇の討伐軍に敗れた九尾の狐（→p20）が死後、殺生石に変化したといわれている。石は毒をふきだし、近づく獣はもちろん、空を飛ぶ鳥の命まで奪いつづけた。

何人もの高僧が殺生石を鎮めようと挑んだが、吹きだす毒につぎつぎとたおれるばかりだったという。

南北朝時代になって、玄翁という僧が殺生石を砕くことに成功するが、砕かれた石の欠片は美作国高田（岡山県真庭市）、越後国高田（新潟県上越市）、安芸国高田（広島県安芸高田市）などに飛びさり、それぞれの土地で悪事をつづけたと伝えられている。

ココに登場！ 松尾芭蕉「奥の細道　殺生石」より
（まつおばしょう「おくのほそみち　せっしょうせき」より）

是より殺生石に行く。館代※が馬で送ってくれた。その馬を引く男が短冊に一句書いてくれと言う。風流な事を望むものだと感心し応えることにした。

「野を横に馬牽むけよほととぎす」

殺生石は温泉の出る山陰にある。石の毒気は未だに滅んでおらず、蜂や蝶のたぐいが地面の砂の色が見えない程重なって死んでいた。

※館代…領主の留守を守る家老（かんだい…りょうしゅのるすをまもるかろう）

▲栃木県那須町に今も残る殺生石（とちぎけんなすまちにいまものこるせっしょうせき）

豆知識（まめちしき）　観光地になっている殺生石だが、今でも石の周辺からは有毒な火山ガスが噴き出し、ガスの多い日は立入禁止になる。

だいだらぼっち

<ruby>豆<rt>まめ</rt></ruby><ruby>知<rt>ち</rt></ruby><ruby>識<rt>しき</rt></ruby>　だいだらぼっちは<ruby>全<rt>ぜん</rt></ruby><ruby>国<rt>こく</rt></ruby>に<ruby>伝<rt>でん</rt></ruby><ruby>承<rt>しょう</rt></ruby>の<ruby>残<rt>のこ</rt></ruby>る<ruby>巨<rt>きょ</rt></ruby><ruby>人<rt>じん</rt></ruby>で<ruby>呼<rt>よ</rt></ruby>び<ruby>名<rt>な</rt></ruby>も<ruby>多<rt>おお</rt></ruby>い。<ruby>各<rt>かく</rt></ruby><ruby>地<rt>ち</rt></ruby>で、「<ruby>大<rt>だい</rt></ruby><ruby>太<rt>だ</rt></ruby><ruby>郎<rt>ら</rt></ruby><ruby>坊<rt>ぼう</rt></ruby>」「<ruby>大<rt>だい</rt></ruby><ruby>太<rt>だ</rt></ruby><ruby>郎<rt>ら</rt></ruby><ruby>法<rt>ぼっ</rt></ruby><ruby>師<rt>ち</rt></ruby>」「でいだらぼっち」「でいらんぼう」

時代

奈良時代　以前

出典

常陸国風土記、播磨国風土記

出現場所

全国各地

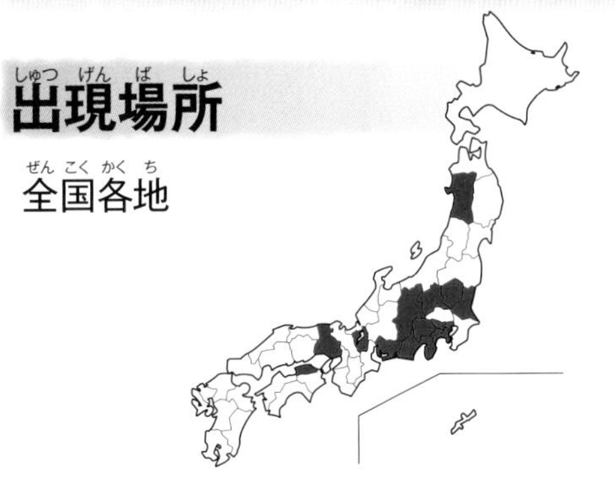

特徴

太古のむかし、日本にいたという伝説の巨人。多くの山や湖をつくったとされている。

日本で一番大きな妖怪といえば、だいだらぼっちでまちがいなかろう。全国に多くの伝承が残る。

- 近江の土を削りとり富士山をつくった。土を掘った跡に水が溜り琵琶湖になった。
- 甲州の土をとって富士山に盛った。逆に甲州は盆地になった。
- 上州の赤城山に腰掛けていたときの足跡に水がたまり、そこが木部の赤沼と呼ばれるようになった。

◀だいだらぼっちがつくったという伝説もある富士山。

- 長野県の青木湖、中綱湖、木崎湖の仁科三湖はすべてだいだらぼっちの足跡だという。
- だいだらぼっちがこどもたちを手に乗せて歩いていたが山をまたいだ拍子にこどもたちを放り投げてしまった。驚いたこどもたちとだいだらぼっちは泣き出し、手をついてできた窪みに涙が流れこんで浜名湖になった。
- 赤城山にこしかけて利根川で足を洗った。
- 羽黒山にこしかけて鬼怒川で足を洗った。

…多くの土地で伝承を残しただいだらぼっちだが、どこかに去ったとか、死んでしまったという話は残っていないようだ。目には見えないだけで、今も山の彼方を歩いているのかもしれない。

ココに登場！「常陸国風土記　那賀略記」より

平津の驛屋の西、十二里（古代では約 6.5km）に大串という岡があった。大むかしに巨人が住んでいて、岡の上にいたまま腕を伸ばせば海まで手が届き、蚌（蜃気楼を生みだす巨大な蛤）をつかむほどであった。巨人が食べた貝を捨てた場所は積もって岡になったという。当時は大朽といったが、今は大櫛の岡と呼ばれている。巨人の足跡は長さが四十歩（約 72m）余り、幅二十歩（約 36m）余りで、小便をして開いた穴は直径二十歩余りであった。

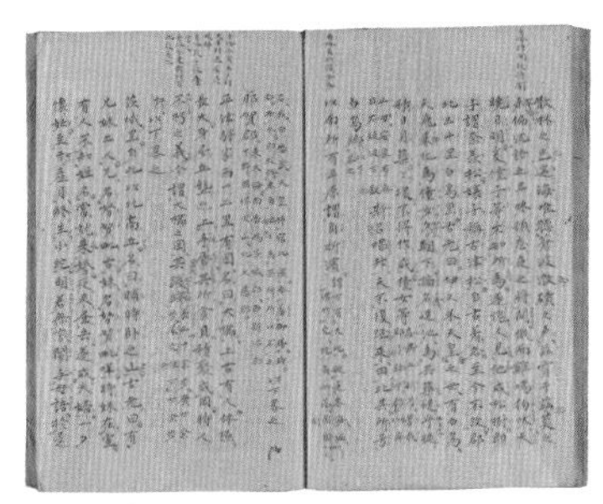

「常陸国風土記　那賀略記」　国立国会図書館デジタルコレクションより▲

「だいだらぼう」「だいらぼう」「タイタンボウ」「レイラボッチ」「おおきいぼちゃぼちゃ」など、また九州では「大人弥五郎」と呼ばれている。

タンタンコロリン

時代

特定不能

出典

日本怪異妖怪大事典

聴耳草紙

出現場所

宮城県

特徴

放置された柿が妖怪に化ける。

タンコロリンともいう、柿の化け物。柿の実をとらずにほうっておくと、柿の木が化けて妖怪になるといわれていた。

一説によれば僧侶のような姿をしていて、夕暮れどきに現れる。僧衣の袂のなかに大量の柿をいれて里をあるきながら、柿の実をポトポトと落としていくそうだ。町をひとまわりすると柿の木に戻って姿を消すらしい。

赤い顔をした大男がやってきて、尻を削って食べさせるという「柿男」の伝承も伝わっている……。そんな怖い妖怪にはぜったいに家の中に入ってきてほしくないものだ。

ココに登場！ 佐々木喜善「聴耳草紙　柿男」より

昔ある家の下女が、庭にある柿の木の実を食いたい食いたいと思っていた。ある晩、戸をたたいて「ここあけろ、ここあけろ」と言う者がいた。下女が戸を開けると背のとても高い真っ赤な顔の男が入ってきて、串で俺の尻を削って舐めろと言う。逆らえなかった下女がその串をなめるととても甘い柿の味がした。翌日柿の木を見ると串の傷跡の残った実が残っていたという。

木守りとして残された柿の実▲

豆知識 柿の実をとらずにほうっておくとタンタンコロリンになるが、ひとつだけ実を残して豊作を願う「木守り」という風習もある。

土蜘蛛

山に出る妖怪

時代

飛鳥時代以前から

出典

日本書紀、土蜘蛛草紙
平家物語

出現場所

全国各地

特徴

美女や僧侶に化けて人を襲う。

日本で最も古い妖怪のひとつ、土蜘蛛。「日本書紀」や「平家物語」など、日本を代表する古典にも登場する有名な妖怪で、狼のように凶暴で、梟のように賢いといわれている。

体は短く、手足が長い。脚の長さは八束（約60cm）で力強く、土に穴を掘って住んでいる。鎌倉時代以降の伝承では妖術を使うようになる。

源頼光の土蜘蛛退治を描いた「土蜘蛛草紙」という絵巻物がつくられたり、土蜘蛛を切った刀が「蜘蛛切り」と名づけられて有名になったりもした。浄瑠璃や歌舞伎、能にも土蜘蛛がでてくる演目が残っている。

ココに登場！「土蜘蛛草紙」より

源頼光が家来と共に、空を飛ぶ髑髏を目撃する。怪しく思った頼光たちは髑髏を追って古い家にたどり着くが、様々な妖怪が頼光たちを苦しめた。夜明け頃には美しい女が目くらましをかけてきたが、頼光が斬りつけると白い血痕を残して姿を消した。血の痕をたどっていくと山奥の洞窟で巨大な蜘蛛が襲ってきたが、頼光は激しい戦いの末に蜘蛛の首をはねることができた。蜘蛛の腹からは千九百九十個もの死人の首が出てきたという。

葛城一言主神社に残る蜘蛛塚▲

豆知識 奈良の葛城山にある葛城一言主神社には、神武天皇が退治した土蜘蛛を埋めたといわれる蜘蛛塚が残っている。

土転び
（つちころび）

時代（じだい）
特定不能（とくていふのう）

出典（しゅってん）
日本怪異妖怪大事典（にほんかいいようかいだいじてん）
江戸諸国百物語（えどしょこくひゃくものがたり）

出現場所（しゅつげんばしょ）
全国各地（ぜんこくかくち）

特徴（とくちょう）
槌のような形をした蛇の妖怪。

鳥取県東伯郡に伝わる妖怪・土転び。槌転びとも書かれる。

農具の「槌」のような形をしている蛇の妖怪で、長さは3尺（約90cm）、太さは1尺（約30cm）の、ずんぐりした姿をしている。山で歩いている人の足もとに転がってきて、かみつくという。

土転びは、野槌（→p43）に似ているといわれたり、槌のようなものが転がってくるという特徴から、高知県の「タテクリカエシ」や岡山県の「テンコロバシ」と混同されることもある。

鳥取県では、未確認生物の「ツチノコ」を槌転びともいうらしく、なかなかややこしい。

ココに登場！ 「江戸諸国百物語　槌転び」より

槌転びは三朝の山奥に現れた山の怪異。岩がゴツゴツしている峠道を歩いていると、目の前に胴体の膨らんだ藁打ち槌のようなものが転がってきて、すばやく飛び上がり、鋭い牙で足に吸いつく。くちなわの一種といわれており、一面に長い毛が生えているともいう。

藁打ち槌（わらうちづち）▲

豆知識（まめちしき） 転がってきて人を襲う妖怪はほかにも、長野県の「イジャロコロガシ」、高知県の「手杵返し」、福島県の「鑵子転ばし」などがある。

鉄鼠

時代

平安時代

出典

平家物語、画図百鬼夜行
江戸諸国百物語

出現場所

栃木県
滋賀県

特徴

僧侶・頼豪が化けた鼠の妖怪。

平安時代、三井寺の僧侶・頼豪が変化した妖怪が鉄鼠。石の体と鉄の歯をもつ大鼠で、頼豪鼠、三井寺鼠と呼ばれることもある。

「平家物語」によれば、頼豪は白河天皇の命令で皇子誕生を祈祷して成功したが、約束の褒美をもらえなかった。その原因を三井寺と対立していた延暦寺のせいだと怨んだ頼豪は、百日の断食で夜叉のような姿になって死んだあと、妖怪・鉄鼠になって延暦寺を襲ったとされている。

鉄鼠は下野国（今の栃木県）にも現れて田畑を荒らしたが、地蔵菩薩によって塚のなかに封印されたという記録が残っている。

ココに登場！　「江戸諸国百物語　鉄鼠」より

延暦寺の力を恐れた帝は頼豪との約束を守らなかった。これに怒った頼豪は、以来、なにも食べずに呪力をふるい、皇子を連れて魔界に去った。その頃、延暦寺の経蔵に入り込み経典を散々に食い荒らす鼠の群れ、八万四千匹が発生した。鉄鼠とよばれる群れを率いていたのは姿を変えた頼豪であった。

「頼豪」国際日本文化研究センター所蔵▶

豆知識　頼豪の怨念を鎮めたとされる祠「鼠の秀倉」が滋賀県大津市の日吉大社に残っている。

手長足長

山に住む妖怪

（長臂人・長股人）

時代

平安時代

出典

三才図会

秋田の伝説

出現場所

全国各地

特徴

手、または足が異常に長い巨人。

手だけが長い「手長」と足だけが長い「足長」。足長が夫で手長が妻の夫婦だという説、兄弟だという説、手も足も長い一人の巨人だという説などがある。

見た目が似ている中国伝来の「長臂人・長股人」（足長手長）のイメージで描かれたり、銅像が制作されたりしてきた。

福島県では病悩山の手長足長を弘法大師が封印し、山の名前を磐梯山に変えたという話が、秋田県では鳥海山で人を食べていた手長足長が、慈覚大師に山ごとふき飛ばされてしまった話などが伝わっている。

ココに登場！ 野添憲治・野口達二「秋田の伝説」より

その昔、鳥海山に住んでいた手長足長という悪鬼が、村里に下りて乱暴のかぎりをつくしていた。これを見かねた大物忌神が三本足の霊鴉を遣わし、鬼が里に下りはじめた時は「有や」、鳥海山にいる時には「無や」と鳴かせて人々を救ったと伝えられている。この場所は後に「有耶無耶の関」と呼ばれるようになった。

牧墨僊「手長嶋」国際日本文化研究センター所蔵▶

豆知識 「長臂人・長股人」は中国で描かれる神仙図の題材のひとつ。「枕草子」にも長臂人・長股人が描かれた障子の描写がある。

天火

山野に出る妖怪

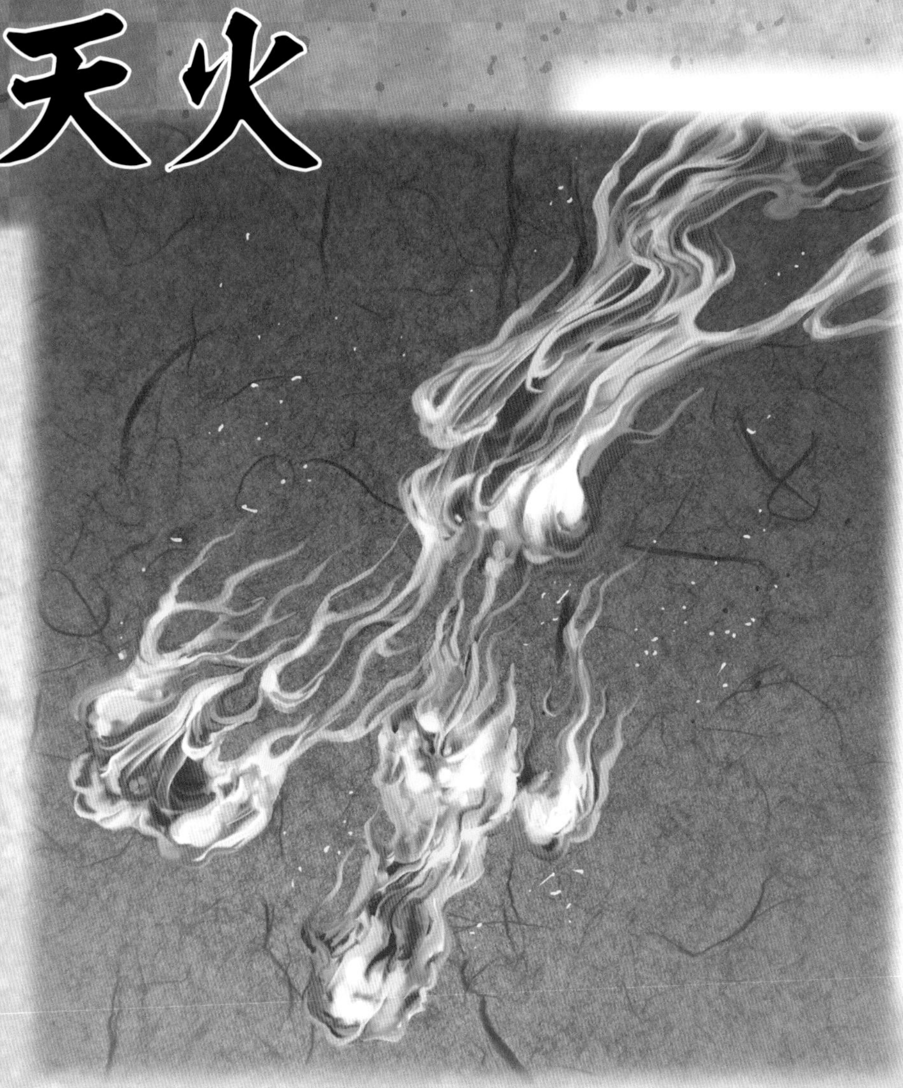

時代

江戸時代

出典

絵本百物語
甲子夜話

出現場所

全国各地

特徴

空から降りてくる怪火。

全国各地に伝承が残っている火の妖怪。天火、ぶらり火などと呼ばれることもある。天から落ちてきて家を焼くという。

天火をほうっておくと火事になってしまうので、佐賀県では村人たちが念仏を唱えて追いまわしていたようだ。追われた天火は逃げだし、最後には草木のなかに姿を消すといわれている。また、雪駄であおぐと天火を追いはらうことができるともいわれていたらしい。

高知県では天火が飛ぶときにシャンシャンという音をだすため、「シャンシャン火」と呼ぶようだ。

ココに登場!「絵本百物語　桃山人夜話　天火」より

天火にて家を焼き焼死した人は所々にある。さる所にて代官を勤めた者の話である。この者は少しも仁心がなく、私欲を構えて下々を虐げ、主人にも悪名を負わせたが、退役して一月過ぎた頃、火気もないところから火が出て家を焼き、自分も焼死し、貪り蓄えた金銀財宝衣類等は一時の烟りと化して立ち昇ってしまった。その日、一群の火が天より下ったのを見た人があり、恐るべきことである。

雪駄。かかとの部分が金属で補強されている履き物。▲

豆知識　佐賀県東松浦郡では、天火が現れると天気がよくなるが、天火が家に入ると病人が出るので鉦を叩いて追いだしたという。

天狗

豆知識 大天狗の中でも、「愛宕山太郎坊」「比良山次郎坊」「飯綱三郎」「鞍馬山僧正坊」「大山伯耆坊」「彦山豊前坊」「大峰山前鬼坊」

時代

奈良時代

出典

日本書紀、平家物語、吾妻鏡

出現場所

沖縄県をのぞく
全国各地

特徴

山伏の格好で、赤い顔、高い鼻。妖怪というより、山の神として信仰されている。

日本三大妖怪のひとつといわれる「天狗」は、もともと中国で「音を立てる流れ星」を意味する言葉だった。「日本書紀」にも都の空を巨大な星が雷のような音をたてて飛びさる話が書かれている。

▲春亭「僧正坊」
国際日本文化研究センター所蔵

平安時代になると鼻が高く顔が赤い姿で描かれるようになり、各地で伝承を残すようになる。

山伏の格好をして神通力をもち、足には一本歯の下駄をはいている。背中の翼で空を飛び、羽団扇で雨風を起こしたり、妖魔を退散させたりするといわれている。

そんな天狗には二種類あり、鼻の長い天狗を大天狗（「鼻高天狗」といわれることもある）、大天狗に従っているくちばしがある天狗を烏天狗（こちらは「木の葉天狗」と呼ばれることがある）という。

特に力のある大天狗たちには名前があり、八大天狗筆頭の「愛宕山太郎坊」や、源義経に剣術を教えた「鞍馬山僧正坊」、江戸時代の祈祷秘経「天狗経」に書かれている四十八天狗などが、とくに有名だった。

天狗は、妖怪というより、山の神として信仰の対象となり、今も天狗を祀る神社や寺院が全国で信仰を集めている。

ココに登場！ 天狗に関係した怪異のいろいろ（「妖怪事典」より）

- 天狗隠し…天狗が若者や子供をさらうが、しばらくすると帰される。
- 天狗倒し…山のなかで木を伐る音や、大木が倒れる音がするが何事もない。
- 天狗礫…山のなかで突然小石や砂が降ってくる。
- 天狗の太鼓…曇った日に山から太鼓の音が聞こえてくると天気が変わる。
- 天狗火…遠州（静岡県西部）では数百もの天狗火が飛ぶ。天狗火を見ると病む。
- 天狗揺すり…山小屋などで夜、建物をガタガタと揺らされる。
- 天狗笑い…山のなかで天狗が大笑いする声がする。特定の人にしか聞こえない。

▲神として祀られる天狗。古井の天狗山では祈願の天狗面が、ぎっしりと奉納されている。
（岐阜県美濃加茂市）

「白峰相模坊」を日本八大天狗という。修験道の開祖・役行者が死後天狗になった「石鎚山法起坊」が別格で加えられることもあった。

鵺

豆知識　ギリシャ神話にも、ライオンと山羊の頭を持ち、尻尾が毒蛇になっている「キマイラ」（キメラ）という怪物がいて、口からは炎を吐く。鵺の

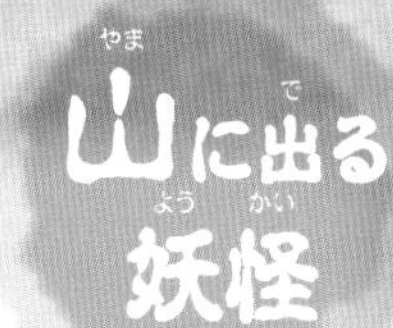

時代

平安時代

出典

平家物語、摂津名所図会
日本妖怪散歩、源平盛衰記

出現場所

全国各地

特徴

多くの動物の特徴をあわせ持った姿の怪物。不気味な声で鳴く。

猿の頭に手足は虎、胴体は狸、尾は蛇という妖怪が鵺だ。「ヒョーヒョー」と気味の悪い声（トラツグミの声に似ているという）で鳴くといわれている。

もともと夜の森で鳴く凶鳥のことを鵺と呼んでおり、夜と鳥の二文字をあわせて鵺という漢字になる。

▲芳年「鵺」
国際日本文化研究センター所蔵

宮中では鵺の鳴き声が聞こえるたび、凶事がおこらないよう祈祷をしたと記録されている。

「平家物語」によれば平安時代の末期、天皇の住む御所・清涼殿に黒煙とともにぶきみな鳴き声が響きつづけ、天皇が病気になってしまった。

弓の達人・源頼政が化け物退治をひきうけ、清涼殿に到着すると黒煙が湧きはじめる。頼政は先祖からうけついだ弓で「山鳥の尾でつくった尖り矢」を放つと、悲鳴とともに鵺が落ちてきた。頼政の家来が鵺にとどめをさすと、カッコーの鳴き声が二声三声聞こえ、静けさが戻ってきたという。

京の都の人々は祟りを恐れて、鵺の死体を船で鴨川に流した。その船は最後には浜に打ちあげられたので、浜の人々が鵺塚をつくって弔ったという記録が残っている。

▲頼政が鵺退治の前に祈願した神明神社。鵺を射貫いたという矢尻が残る。

ココに登場! 村上健司「日本妖怪散歩　赤蔵ヶ池の鵺」より

平家が栄華を誇った時代、源氏の衰退を憂いていた源頼政の母親は赤蔵ヶ池で水垢離を繰り返しては、源氏の再興と、都にいる息子・頼政の武運を池の龍神に祈っていた。やがて満願の日、母親は平家への憎悪と共に鵺に変身し、都の清涼殿に向けて飛んでいったという。天皇を病気にした化け物として討ち取られる事で、息子に手柄を立てさせようとしたのだ。息子に退治された母親は傷つきながらも赤蔵ヶ池まで戻ってきて池の主となった。だが、都で受けた矢傷が元になり、やがて死んでしまったと伝えられている。

姿は諸説あり、「源平盛衰記」では胴体が虎で足が狸、尻尾は狐とされる。頭が猫で胴体は鶏だと書かれた資料もあるようだ。

ぬっぺふほふ

時代

江戸時代

出典

一宵話

新吾左出放題盲牛

出現場所

静岡県

特徴

顔のような胴体から手足が生える。

ぬっぺっぽう、ぬっぺらぼうなどとも呼ばれている。頭や首はなく、まるで顔のようにみえる皺だらけの胴体から短い手足が生えている。

見た目のインパクトが大きなぬっぺふほふだが、どんな妖怪なのかはあまりわかっていない。

昭和以降の本には、廃寺に現れる妖怪であるとか、死肉が化けて生まれる、ぬっぺふほふが通った跡にはくさった肉のようなにおいが残る……、などと書かれているものもあるが、これらは最近つけくわえられた特徴のようだ。

江戸時代の随筆「一宵話」にはぬっぺふほふに似た「封」というものが現れた話が残っている。

ココに登場! 秦鼎「一宵話　異人」より

徳川家康が駿府城に住んでいたときのこと。ある朝城の庭に、手はあるが指は無い肉人ともいうようなものが立っていた。驚いた家来たちが捕まえようとして大騒ぎになったが、家康が逃がしてやれと命じたため、化け物は城から遠い小山の方に追い出された。その話を聞いたある者がそれは封というもので、その肉を食べれば他力を得て武勇に優れることになったものをと残念がった。

「新版妖怪飛巡雙六　ぬつへつほふ」国際日本文化研究センター所蔵▲

豆知識 ぬっぺふほふの正体は、古いヒキガエルが化けたもの、狐や狸が化けたもの、などの説がある。

野槌（のづち）

時代（じだい）
江戸時代（えどじだい）

出典（しゅってん）
和漢三才図会、沙石集（わかんさんさいずえ、しゃせきしゅう）
今昔画図続百鬼（こんじゃくがずぞくひゃっき）

出現場所（しゅつげんばしょ）
奈良県（ならけん）

特徴（とくちょう）
槌（つち）の形（かたち）で口（くち）だけがある蛇（へび）の妖怪（ようかい）。

野槌は蛇のような妖怪で山奥の木の穴に住み、目も鼻もなく全身が毛だらけの姿をしている。太さが五寸（約15cm）、長さが三尺（約90cm）で、頭と尻尾は同じ太さ。ウサギやリスを食べるという。

人を見つけると坂道を転がり下りてきて、足に噛みつくそうだが、野槌は坂を登るのが遅いといわれている。山道で野槌に出会ってしまったら、とにかく高い方に逃げるか、木にのぼってみるといいかもしれない。

ちなみに「のづち」という名前は、「古事記」にも登場する野の神・カヤノヒメ（別名・野椎神）が語源になっているという説がある。

ココに登場！ 無住「沙石集　学生の畜類に生れたる事」より

比叡山に共に学ぶ二人の学僧がおり、先に死んだ方が、転生先を知らせる約束をしていた。その一人が亡くなり、残った僧の夢に現れて「私は野槌というものに生まれ変わった」と告げた。野槌は山奥にいてめったに目にしない動物で、目も鼻も手も足もなく、ただ口だけがある生き物で、人を捕まえて食べるという。これは精神の修行ができておらず、口だけが達者になった結果に違いなかった。

野の神・カヤノヒメ（野椎神）を祀る萱津神社（愛知県あま市）▲

豆知識（まめちしき）　カヤノヒメを祀る萱津神社は「漬物」発祥の地として知られ、境内には漬物を納める「香の物殿」がある。

野寺坊

山に出る妖怪

時代

江戸時代

出典

画図百鬼夜行
新編武蔵風土記稿

出現場所

埼玉県

特徴

鐘の前に立つ僧侶の妖怪。

鳥山石燕の「画図百鬼夜行」に描かれている妖怪・野寺坊。絵には解説がついていないのでどんな妖怪かよくわからないが、誰も住まなくなった廃寺に住みつく妖怪であるとか、村人のお布施がなくて廃寺になってしまった寺の住職の怨念が妖怪になったのだなどといわれている。

誰もいないはずの寺に夕暮れどきに現れ、ひとりさびしく鐘をつくともいい、ボロボロの袈裟を着て鐘の前で恨めしそうに立つ姿で描かれる野寺坊は、どこか哀愁をさそう妖怪だ。

野寺という場所に伝わる鐘の伝承を元に石燕が創作した妖怪だという説もある。

ココに登場! 「新編武蔵風土記稿」、山口敏太郎「妖怪草紙」より

武蔵野に住むある男が、野寺の鐘を盗もうとした。男はただ村の人々を驚かそうと思っただけだったのだが、男が鐘を地面に下ろしたときに旅人が通りかかった。慌てた男は池の中に身を隠したが、そのとき、鐘も男も行方が分からなくなってしまった。この池は鐘ヶ渕と呼ばれ、渕で入水した小僧の泣き声が毎夜聞こえたという怪談も残っている。

鳥山石燕「画図百鬼夜行　野寺坊」国立国会図書館デジタルコレクションより▶

豆知識 江戸時代の破戒僧(教えを守らなかった僧侶)を風刺するために描かれた妖怪だという説もある。

野衾(のぶすま)

時代(じだい)
江戸時代(えどじだい)

出典(しゅってん)
狂歌百物語(きょうかひゃくものがたり)、絵本百物語(えほんひゃくものがたり)
今昔画図続百鬼(こんじゃくがずぞくひゃっき)

出現場所(しゅつげんばしょ)

東京都(とうきょうと)
京都府(きょうとふ)

特徴(とくちょう)
音(おと)もなく飛(と)び、人(ひと)を襲(おそ)う。

野衾(のぶすま)とはムササビ(モモンガ)のことである。妖怪(ようかい)というより小動物(しょうどうぶつ)というイメージが強(つよ)いムササビだが、むかしは怪(あや)しい動物(どうぶつ)、妖怪(ようかい)だと思(おも)われることもあったようだ。

鳥(とり)のような翼(つばさ)もなく、音(おと)もたてずに空(そら)を飛(と)ぶ……考(かんが)えてみれば不思議(ふしぎ)な生(い)き物(もの)だ。

そんな生(い)き物(もの)が夜道(よみち)を飛(と)んできて、いきなり顔(かお)に貼(は)りついたりしたら相当怖(そうとうこわ)かっただろう。妖怪(ようかい)だと思(おも)われてしまったのも無理(むり)はない。

妖怪(ようかい)・野衾(のぶすま)は炎(ほのお)を食(た)べたり、夜道(よみち)で人(ひと)を襲(おそ)って生(い)き血(ち)を吸(す)ったりするともいわれている。また、野鉄砲(のでっぽう)という妖怪(ようかい)と同一(どういつ)のものともされる。

ココに登場(とうじょう)! 「絵本百物語(えほんひゃくものがたり) 桃山人夜話(とうざんじんやわ)」より

野鉄砲(のでっぽう)は北国(きたぐに)の深山(みやま)にいる獣(けもの)である。夕暮(ゆうぐ)れどきに道(みち)ゆく人(ひと)を見(み)かけると、口(くち)からコウモリのようなものを吐(は)き出(だ)して目(め)や口(くち)をふさぎ、動(うご)けなくなった人(ひと)を襲(おそ)って食(た)べる。コウモリが年(とし)を取(と)って化(ば)けたものだとも、猫(ねこ)※という動物(どうぶつ)が化(ば)けたものだとも言(い)われる。この害(がい)を避(さ)けるには、巻耳(まきみみ)※という草(くさ)を懐(ふところ)に入(い)れておくとよい。

※猫(ねこ)…タヌキ、またはアナグマ(貉)(→p50)　※巻耳(まきみみ)…ひっつき虫(むし)という呼(よ)び名(な)が一般的(いっぱんてき)

動物(どうぶつ)のムササビ。法律(ほうりつ)でペットとしては飼(か)えない。▲

豆知識(まめちしき) 高知県(こうちけん)には「野襖(のぶすま)」という妖怪(ようかい)がいる。これは「野衾(のぶすま)」とは別(べつ)の妖怪(ようかい)で、ぬりかべ(→水・p44)の別名(べつめい)だ。

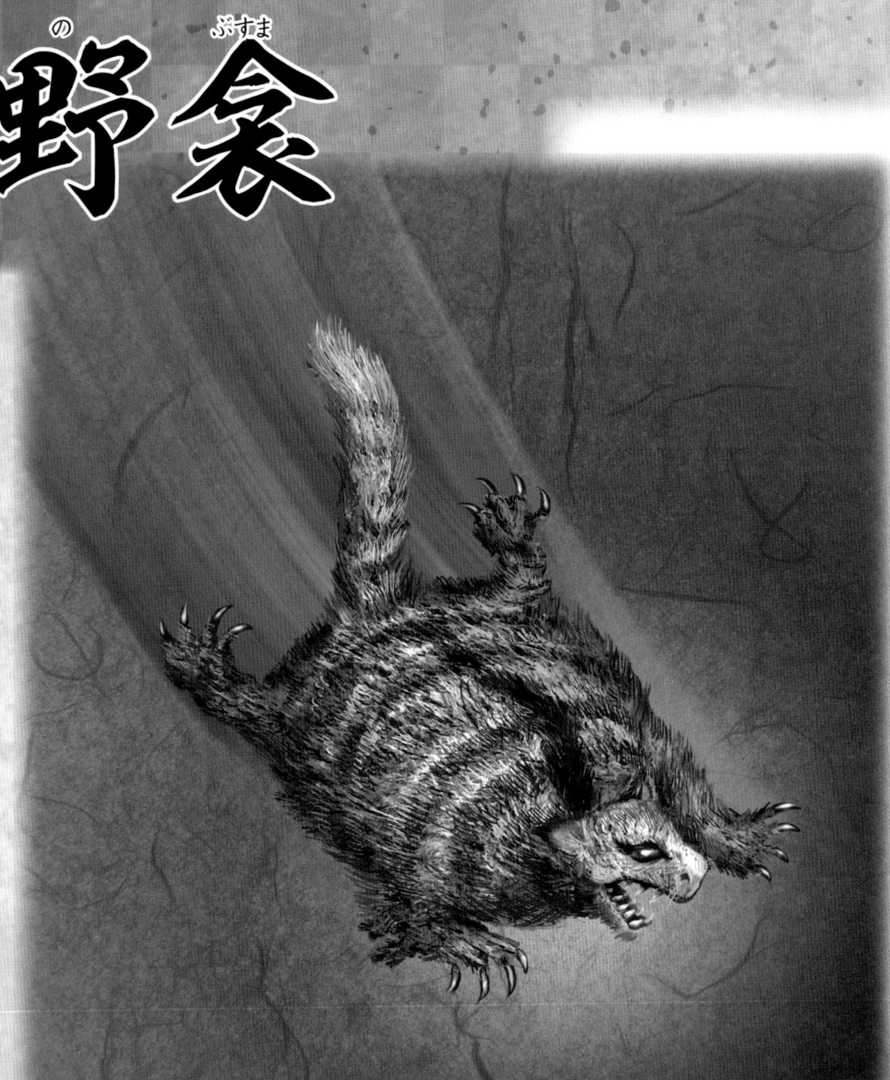

一つ目小僧

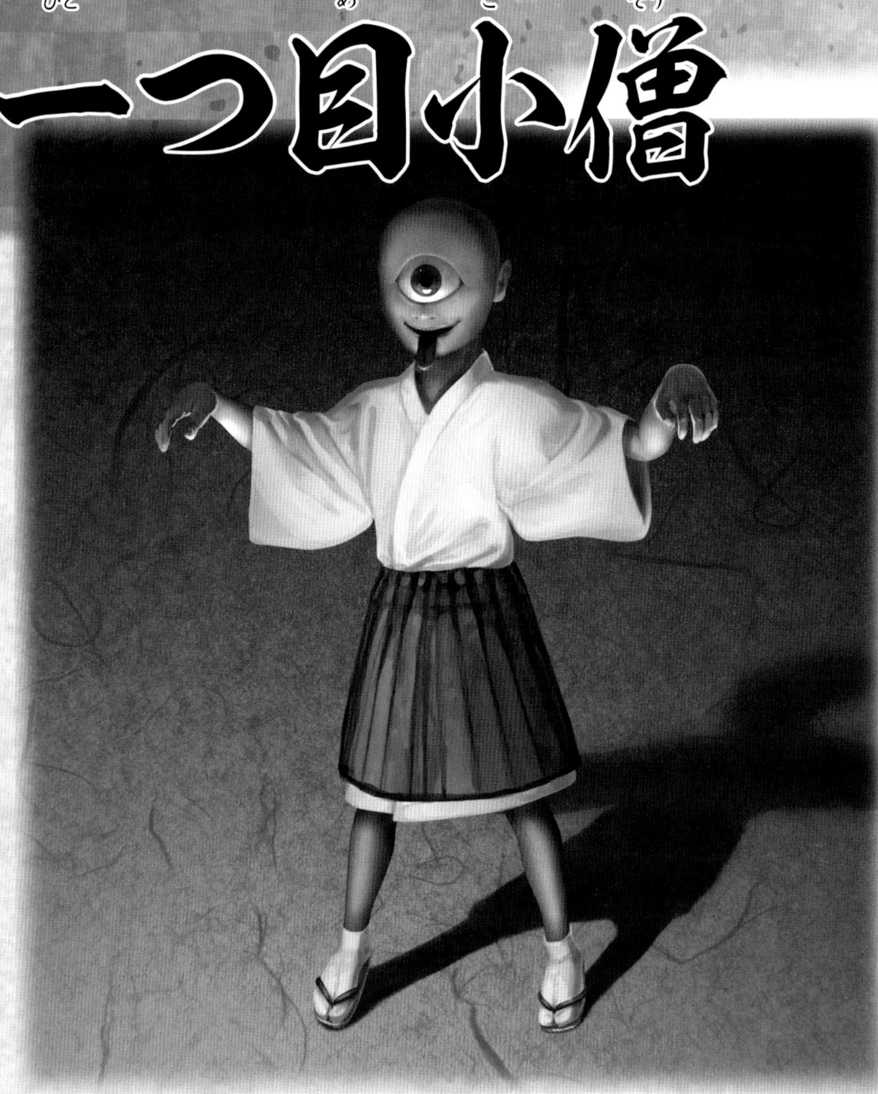

山から
くる妖怪

時代

江戸時代

出典

百怪図巻、化物づくし
怪談老の杖

出現場所

全国各地

特徴

顔の真ん中に大きな目がひとつ。

顔のまんなかに大きな目がひとつだけついている一つ目小僧。小さなこどもの姿をしていて人を驚かせるだけの、あまり害のない妖怪だ。

傘化け（→㊌・p23）などとならんで江戸時代から人気のあった妖怪で、落語のネタに使われたり、双六に描かれたりしていた。

目一つ坊、一つ目入道などと呼ばれることもあるが、その場合は年老いた僧侶だったり、3m以上ある大入道の姿だったりする。

「目」がたくさんある「籠」や、目に刺さりそうなヒイラギが苦手。関東のある地域では、2月8日と12月8日の夜に山から里におりてくるといわれている。

ココに登場! 平秩東作「怪談老の杖」より

小嶋弥喜右衛門という男が鶉の代金を受け取りに麻布の武家屋敷に赴いたときのこと。部屋で待たされていると十才ほどの小僧が現れて、床の間の掛け軸を巻き上げたり下ろしたりして遊んでいた。掛け軸が破れては大変だと思った弥喜右衛門が小僧の悪戯を注意すると、小僧が振り返り「黙っていよ」と言った。その顔には目がひとつしかなかった。

河鍋暁斎「暁斎百鬼画談（部分）」国際日本文化研究センター所蔵▶

豆知識 会津若松では、一つ目小僧が驚かした人を一口嘗めたという伝説があり、そこは一口坂と呼ばれている。

狒々

時代

江戸時代

出典

妖怪談義、神饌
和漢三才図会

出現場所

新潟県
富山県
大阪府

特徴

笑いながら人を食う、猿の妖怪。

動物園にいるヒヒとはちがい、妖怪の狒々は凶暴な化け物だ。狒狒、または比々と書くこともあり、大きな猿のような姿で山奥に住んでいる。

江戸時代の百科事典「和漢三才図会」によれば、大きな狒々は一丈(約 3m)以上あり、体は黒い毛で覆われ、髪の毛が長い。唇が長く、人間を見ると笑うといわれている。

狒々が笑うと唇が目を隠すほどめくれる。走るのが非常に速く、人間をつかまえると、まず笑ってから食べてしまうという。

女性が襲われやすかったらしいが、笑いながら襲ってくるのは、かなり怖いのではないだろうか。

ココに登場! 南里空海「神饌」より

武者修行の旅を続けていた武士・岩見重太郎が住吉神社に立ち寄った時のこと。神社では毎年白羽の矢を立てられた家の娘を唐櫃に入れて、神餞と共に神に捧げる儀式が行われていた。重太郎は「神は人を救うもので犠牲にするものではない」と言い、娘の代わりに唐櫃の中に入って神社に放置された。翌朝、村人が見に行くと唐櫃の周りは血だらけで重太郎の姿はなく、切り殺された大きな狒々が死んでいたという。

▲芳とら「狒々　岩見重太郎一代記 2巻」
国際日本文化研究センター所蔵

豆知識 狒々の血を飲むと鬼が見えるようになる、狒々の血を緋色の染料にして染めた布は色があせない、などと伝えられている。

古杣
ふる　そま

時代
じだい

特定不能
とくていふのう

出典
しゅってん

日本怪異妖怪大事典
にほんかいいようかいだいじてん

出現場所
しゅつげんばしょ

高知県
こうちけん

徳島県
とくしまけん

特徴
とくちょう

森で木を切る音だけが聞こえる。

高知県や徳島県の山のなかに伝わる古杣。姿の見えない、音だけの怪異だ。

夜、山小屋にいると、斧でカーンカーンと木を伐る音や、ノコギリでズイコズイコと木を挽く音が聞こえたあと、ドーンと大木の倒れる音がする。高知県長岡郡では「いくぞー、いくぞー」という声のあとに木が倒れる音が聞こえるが、どちらの場合も、朝になって音のした場所で、木を伐った跡や倒れた木を見つけることはできないという。

倒れてきた木の下敷きになって死んだ木こりの亡霊のしわざだともいわれているが、山の神のしわざだという説もある。

ココに登場! 古杣に似た、音だけが聞こえる怪異(「妖怪事典」より)
ふるそま　に　おと　き　かいい　ようかいじてん

- ●天狗倒し…長野県や埼玉県、奈良県など全国に伝わる。天狗のしわざとされる。
- ●空木返し…鹿児島県や大分県で伝わる。狐や狸のしわざといわれている。
- ●空木倒し…鹿児島県や新潟県、福島県に伝わる。狢や天狗のしわざとされている。
- ●杖　突…高知県の伝承。夜中に杖を突くような音を聞くと死んでしまうという。

▲全国の森で古杣に似た怪異が伝わる。
ぜんこく　もり　ふるそま　に　かいい　つた

豆知識 古杣の「杣」は木こりという意味だ。
まめちしき　ふるそま　そま　き　いみ

迷い家

山にある怪異

時代
特定不能

出典
遠野物語

出現場所
岩手県

特徴
迷いこんだ人を裕福にする家。

迷い家は岩手県遠野地方に伝わる、不思議な家の怪異。山のなかで道に迷っていると、急に黒い門を構えた立派な家の前に出る。紅白の花が一面にさいた庭では鶏が遊び、牛でいっぱいの牛小屋や馬がたくさん入っている馬舎がならんでいるが、人の気配は感じられない。

家のなかには朱と黒の椀がならんでいたり、火鉢に鉄瓶の湯が沸いていたりするが、家の者に会うことはできない……。

この家から何か持ちだせれば幸運がまいこむといわれているが、もう一度行こうと思って探しても、二度と見つからないそうだ。

ココに登場! 柳田国男「遠野物語　マヨヒガ」より

小国の三浦某の妻がマヨヒガに迷い込んだときのこと。家の中に人影がないのを不審に思っていたが、もしや山男の家ではないかと恐ろしくなり、駆け出して家に帰ってきた。この話を信じる者もいなかったが、ある日川で洗い物をしていると川上から美しい赤い椀が流れてきた。妻がその椀を穀物を量る器に使ったところ、穀物が減ることがなくなり、三浦家は村一番の金持ちになったという。

▲遠野市に残る豪農の家

豆知識 岩手県遠野市の「とおの物語の館」には、遠野物語の世界を語り部が聞かせてくれる劇場などがある。

山に出る妖怪

貉
むじな

時代
じだい

奈良時代
なら じだい

出典
しゅってん

日本書紀、和漢三才図会
にほんしょき わ かんさんさいずえ

今昔画図続百鬼、御伽百物語
こんじゃくがずぞくひゃっき おとぎひゃくものがたり

出現場所
しゅつげんばしょ

東北・関東地方
とうほく かんとうちほう

特徴
とくちょう

人を化かす動物の妖怪。

貉は、狐（→p20）や狸（→㊌・p36）と同じように人を化かす動物の妖怪だ。

アナグマやハクビシンのことを貉と呼んでいたようだが、地方によっては狸のことを貉と呼んだり、雷獣（→p59）のことをさしていたりして、なかなかややこしいことになっている。

のっぺらぼう（→㊞・p47）の正体だといわれることもある、貉。おかっぱ頭の小僧に化けた貉は「かぶきり小僧」と呼ばれ、夜の山道で「水飲め、茶を飲め」と声をかけてくるという。

「同じ穴の貉」ということわざもある。かなり有名な妖怪だったのではないだろうか。

ココに登場！「御伽百物語　貉のたたり」より
おとぎひゃくものがたり むじな

豊後国に除霊の腕が良い智円という僧侶がいた。ある日女が訪ねてきて、家に来てお祓いをしてほしいという。智円がその家を探したが見つけられずに引き返すと、次の日、女が来て智円が来なかったことを責め、襲ってきた。智円は小刀で女を刺したが、弟子も巻き添えで死んでしまう。女の正体は貉だった。後日現れた貉は、智円が今後除霊をしないことを条件に弟子を帰してくれたという。

▲ニホンアナグマ

豆知識　「日本書紀」推古天皇35年の条には、「春二月、陸奥国に狢有り。人となりて歌う」という貉に関する記述がある。

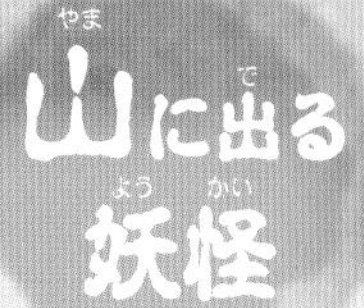

魍魎
もう りょう

時代

江戸時代

出典

本草綱目、江戸諸国百物語（ほんぞうこうもく、えどしょこくひゃくものがたり）
今昔画図続百鬼

出現場所

特定不能

特徴

死者の肝を喰う妖怪。（ししゃのきもをくうようかい）

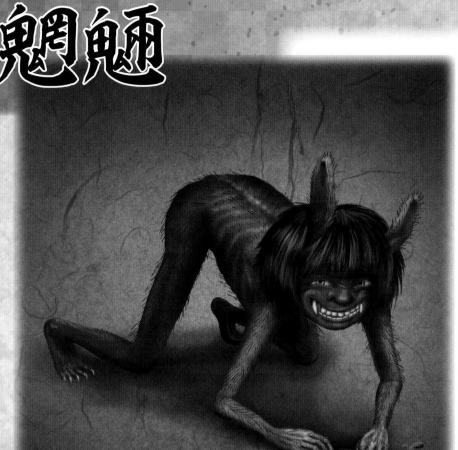

魍魎は中国の「淮南子」という本に出てくる妖怪である。三才のこどものような姿をしていて、色は赤黒く、目は赤くて耳は長い。きれいな髪の毛をもっているとされている。

「本草綱目」という本にも掲載されており、死者の内臓を好んで食べると書かれている。

日本での魍魎は、水の神や、山や川、木や石に宿る精霊のことだともいわれている。また、火車（→㊢・p18）と同じ妖怪であるとか、水の神と混同されて「みずは」と呼ばれたりもする。

多くの本や絵に登場する魍魎だが、じつはよくわからない妖怪だ。

ココに登場！「江戸諸国百物語　魍魎」より

飛騨高山の柴田という役人が雇った男は、よく仕事ができるので重宝していた。が、ある晩、柴田の夢にその男が出てきて、自分の正体は魍魎だと告げ、本来の仕事に戻るので、お暇を頂きますという。翌朝、柴田がその男を探してみたが姿がなかった。その日、墓地に向かって歩いている葬列を風雨が襲い、晴天が戻ると死体が消えていた。人々は魍魎の仕業だと噂した。

「和漢三才図会　魍魎」提供：人文学オープンデータ共同利用センター▶

豆知識　山の怪を「魑魅」、水の怪を「魍魎」と呼ぶこともある。二つ並べて「魑魅魍魎」という場合は、すべての怪をさす言葉になる。

八咫烏
（やたがらす）

時代
（じだい）

奈良時代
（なら　じ　だい）

出典
（しゅってん）

日本書紀
（に　ほん　しょ　き）

古事記
（こ　じ　き）

出現場所
（しゅつげんばしょ）

紀伊半島
（き　い　はん　とう）

特徴
（とく　ちょう）

人を導く三本足の霊鳥。
（ひと　みちび　さんぼんあし　れいちょう）

八咫烏は太陽の化身ともされ、神武天皇が進軍する際に道案内をした三本足の霊鳥だ。

和歌山県の熊野三山では神のつかい、または導きの神として信仰される八咫烏。もはや妖怪という雰囲気ではない高貴な存在のようだ。

「古事記」や「日本書紀」にも登場する有名な鳥で、三本の足はそれぞれ「天・地・人」を表しているという説もある。

ちなみに、日本サッカー協会のシンボルマークに描かれているのもこの八咫烏だ。サッカーの試合でボールをゴールに導くようにという願いを込めて、1931年にマークに採用したとされている。

ココに登場！ 世界中に残る三本足の烏の神話
（せかいじゅう　のこ　さんぼんあし　がらす　しんわ）

- 中国／山足烏。太陽に住む烏とされ、太陽の黒点は山足烏と関係するとされる。
（ちゅうごく　さんぞくう　たいよう　す　からす　たいよう　こくてん　さんぞくう　かんけい）
  金色だという説もあり、その場合は金鶏とよばれる。
（きんいろ　せつ　ばあい　きんけい）

- 朝鮮／三足烏。高麗では火烏ともいう。古墳の壁画にも描かれている。
（ちょうせん　さむじょくう　こうらい　かう　こふん　へきが　えが）

- エジプト／エジプト神話の壁画にも三本足のカラスの姿が見える。
（しんわ　へきが　さんぼんあし　すがた　み）

熊野本宮大社にある八咫ポスト▶
（くまのほんぐうたいしゃ　やた）

豆知識
（まめちしき）
八咫烏の「咫」は長さの単位で約18cm。八咫は約144cmになるが、八咫烏の場合は単に大きい烏という意味らしい。
（やたがらす　た　なが　たんい　やく　はた　やく　やたがらす　ばあい　たん　おお　とり　いみ）

山姥

山に住む妖怪

時代

特定不能

出典

日本怪異妖怪大事典
うしかたとやまうば

出現場所

北海道・沖縄をのぞく全国各地

特徴

山奥に住み、人を食う老婆。

むかし話にもよく登場する妖怪・山姥。深い山奥に一人で住み、通りかかった旅人を襲って食べてしまう。山姥、鬼婆、鬼女などと呼ばれることもある全国的に有名な妖怪だ。

口が耳までさけている、背が高い、目つきが鋭くて肌の色は白い、などといわれている。

恐いイメージのある山姥だが、宮崎県ではヤマヒメと呼ばれ、きれいな髪をなびかせて良い声で歌うという。岡山県に伝わる「ヤマヒメ」も二十代の美しい女性で、出会った猟師が鉄砲で撃った弾を手でつかんで微笑んだという話が伝わっている。……それはそれで恐いかもしれない。

ココに登場! 瀬田貞二「うしかたとやまうば」より

牛方が浜で鯖を買い、牛に積んで山を越えていた。すると山姥が追ってきて鯖をよこせという。しぶしぶ鯖を１匹投げて逃げた牛方だが、山姥はすぐに追いつき、もう１匹食わせろという。山姥は１匹ずつ鯖を食いつづけ、最後には牛まで食いはじめたので牛方はその間に山小屋まで逃げることができた。山小屋は山姥の家だったが、牛方は山姥が寝ている隙に退治し、山姥がためこんでいた金銀財宝で大金持ちになったという。

鳥山石燕「画図百鬼夜行　山姥」国立国会図書館デジタルコレクションより▶

豆知識 むかし話で有名な金太郎（坂田金時）の母は、足柄山に住む山姥だったともいわれている。

山彦

時代

江戸時代

出典

百怪図巻、画図百鬼夜行
日本の民話 九州編

出現場所

四国・中国地方

特徴

山奥で人の声をまねする。

山で「ヤッホー」と叫ぶと遠い山から「ヤッホー」と声が返ってくる。この現象は妖怪・山彦のしわざとされる。幽谷響と書くこともある。

妖怪ではなく、山の神や精霊だという説もある。木霊（→p24）が返事をする「こだま」と似ているが、両者は別の妖怪だとされている。

鳥取県では呼子、または呼子鳥という妖怪が山彦の声を出しているといわれており、高知県では山のなかでいきなり恐ろしい声が聞こえる怪異を「ヤマヒコ」という。

「百怪図巻」や「画図百鬼夜行」では犬のような姿で描かれている。

ココに登場！ 藤沢衛彦「日本の民話　九州編　山彦童子」より

山彦童子は、後母さんに言われて山へ「チンチン蔓」を探しに行った。雉に聞いたり、白髪のお爺さんに聞いたりしながらチンチン蔓を持って帰るが、意地悪な後母は「これはチンチン蔓ではない」と童子を山に追い返し続けた。童子が悲しくなって泣いていると白髪のお爺さんがやってきて、童子を山の子に変えてくれた。山彦童子は山で人間のまねをして暮らすようになったそうだ。

鳥山石燕「画図百鬼夜行　山彦」国立国会図書館デジタルコレクションより▶

豆知識 山彦は、日露戦争に参加した駆逐艦・山彦に名前が使われている。ほかに軍艦に名前が使われた妖怪は鬼火の一種・不知火など。

山童

山に出る妖怪
やま　　で　　　ようかい

時代
じだい

江戸時代
えどじだい

出典
しゅってん

百怪図巻、江戸諸国百物語
ひゃっかいずかん　えどしょこくひゃくものがたり

画図百鬼夜行
がずひゃっきやこう

出現場所
しゅつげんばしょ

西日本各地
にしにほんかくち

特徴
とくちょう

山で河童が変化する。
やま　　かっぱ　　へんげ

山童は九州と西日本で伝わる山の妖怪。夏のあいだ川にいた河童（→㊌・p26）が、冬になると山に入って山童になるといわれている。宮崎県西米良村のセコという山童は夕方に山に入り、朝になると川に戻ってくるらしい。

山童が川と山をいったりきたりする道は獣道で、見た目にはわかりにくい。だが、山童の道に気づかずに、家などを建ててふさいでしまうと、壁に穴をあけられたり、不幸なことがおこるそうだから気をつけなくてはいけない。

人の言葉のわかる山童は、にぎり飯などをあたえると、山での仕事を手伝ってくれるそうだ。

ココに登場！「江戸諸国百物語　ワロドン」より

大隅国では山童をワロドンという。身体は子供ぐらいで、毛深く、山の神の住むような深山に住む。言葉を話し人との交流もあるから、食物を出すと山仕事も手伝ってくれる。

ワロドンは身体の大きさを自由自在に調整でき、馬の足跡ほどの水たまりに、千匹ものワロドンが隠れられる。ワロドンは体を切り裂かれても二三日でもとの姿に戻るが、切り裂かれた肉を一片でも食われると戻れなくなるらしい。

鳥山石燕「画図百鬼夜行　山童」国立国会図書館デジタルコレクションより▶

豆知識　山童は呼び名が多く、「ヤマガロ」「ヤマオロ」「ワロドン」「オジドン」「ヤマセコ」「カリコボ」「クサビラ」などと呼ばれている。

雪女

豆知識　雪女も呼び名が多い妖怪で、新潟県や、山形県では「雪女郎」や「雪姉サ」、宮城県では「雪バンバ」、長野県諏訪地方では

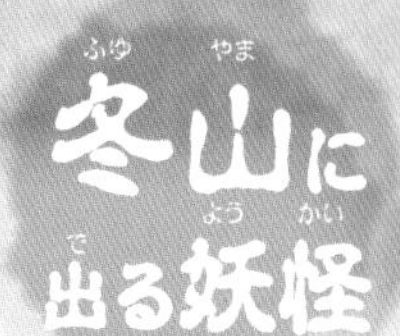

時代

室町時代

出典

宗祇諸国物語、画図百鬼夜行、怪談

出現場所

全国各地

特徴

雪山に現れる美しい雪の精。男を凍らせ、精気を吸いとって殺すが、人間と結婚することもある。

凍てつくような冬の夜に、「死」を象徴する白い着物を着て、吹雪とともに現れる美女が妖怪・雪女だ。肌は雪のように白く、口から冷たい息をふきかけて男を凍死させたり、精気を吸って殺したりするといわれている。

室町時代の本にも登場する古い妖怪で、つらら女や、しがま女房など、よく似た妖怪の話が全国に伝わっている。

雪女という名前のとおり、女性ばかりの妖怪で男性の雪女はいない。雪男というと別の未確認生物の名前になってしまう。

▲落合芳幾「雪女郎」
国際日本文化研究センター所蔵

雪女の伝承で多いのは、雪女と結婚した男が約束をやぶってしまい、雪女が去っていくという内容。雪女がすこしかわいそうな感じの話だ。

ほかにも、吹雪のなかで雪ん子を抱いた雪女が、こどもを抱いてほしいと頼む話も伝わっている。雪ん子を抱くとどんどん重くなって、雪にうもれて死んでしまうらしい。抱いたこどもを無事に雪女に返すことができたら宝物や怪力をもらえるとされ、こちらは姑獲鳥（→㊌・p17）に似た話のようだ。

妖怪のなかでも一二を争う美しさを誇る雪女。恐いが、いちどは会ってみたいという人もいるのではないだろうか。

ココに登場！ 小泉八雲「怪談　雪女」より

大層寒い晩のこと。樵の茂作と巳之吉は川岸の渡し小屋に避難して吹雪の止むのを待っていた。いつの間にか眠ってしまった巳之吉が目を覚ますと美しい娘が茂作に息を吹きかけている。巳之吉は叫ぼうとしたが体が動かない。娘は巳之吉を見つめていたが、今夜見たことを誰かに言ったら殺しますと告げて小屋から出て行った。茂作は凍って死んでいた。数年後、巳之吉は山でお雪という娘と出会い、結婚した。子供が十人もできて幸せな生活を送っていたが、ある晩、巳之吉は渡し小屋での出来事をお雪に話してしまう。お雪は「それは私です。子供達のことを思うとあなたを殺せません」と言い残し、白い霧になって煙出しから消えていった。

鳥山石燕「画図百鬼夜行　雪女」▲
国立国会図書館デジタルコレクションより

「シッケンケン」、愛媛県宇和地方では「雪ンバ」などと呼ばれる。新潟県の「つらら女」や青森県の「しがま女房」も雪女に似た妖怪とされる。

夜雀

山に出る妖怪

時代

特定不能

出典

日本怪異妖怪大事典
綜合日本民俗語彙

出現場所

和歌山県
高知県、愛媛県

特徴

山道で雀の鳴き声がついてくる。

夜の山道で「チッ、チッ、チッ、」という鳴き声がついてきたら、それは妖怪・夜雀かもしれない。

夜雀は高知県や愛媛県、和歌山県に伝わる音の妖怪で、たくさんの雀だという説や、黒い蛾の群れだという説などがある。

高知県では夜雀にとりつかれると不吉だといわれ、夜雀を防ぐための呪文「チッチッチと鳴く鳥は、シナギの棒が恋しいか、恋しくばパンと一撃ち」または「チッチッチと鳴く鳥を、はよ吹き給え、伊勢の神風」が伝えられている。

和歌山県では夜雀がとりついている間は、狼が山の魔物から守ってくれるという伝承が残っている。

ココに登場！「綜合日本民俗語彙　送り雀」より

山道を夜行くとき、ちちちちと鳴いて後先を飛ぶ小鳥のこと。聲によって蒿雀だという人もあるが、夜飛ぶのだから鳥ではあるまい。那智の妙法山の路にも以前はよく出た。紀州は一般に、送雀が鳴くと狼が附いてくるといい、またはオクリオオカミが附いているしらせだともいう。愛媛懸南宇和郡ではヨスズメという一種の蛾がある。夜路を行くと歩けなくなる程飛んで來ることがある。ヨスズメは山犬のさきぶれだという。

雀は夜鳴かないので、妖怪夜雀ではなさそうだ▲

豆知識　奈良県や和歌山県の「送り雀」や、高知県、愛媛県に伝わる「袂雀」なども夜雀と同じ妖怪だといわれている。

雷獣

山に出る妖怪

時代
じだい

江戸時代
えどじだい

出典
しゅってん

玄同放言
げんどうほうげん

甲子夜話
かっしやわ

出現場所
しゅつげんばしょ

全国各地
ぜんこくかくち

特徴
とくちょう

雷とともに空から落ちる獣。
かみなり　　　　　そら　　　お　　　けもの

雷獣は大きさ二尺(約60cm)ぐらいで、七、八寸(約21~24cm)のふたまたにわかれた尻尾があり、オオカミのような姿をしている妖怪。前足は2本、後ろ足は4本で、鋭いカギ爪がはえているらしい。

雷とともに空から落ちてくるといわれ、そのときには木を裂いたり、爪跡を残したという。

江戸時代の随筆や民話にもたびたび登場し、明治、昭和時代になっても目撃例があったようだ。

岩手県の雄山寺などでは雷獣のミイラが伝えられており、滋賀県の富士神社では封じこめた雷獣を、雷神として祀っているという。

ココに登場! 曲亭馬琴「玄同放言」より
きょくていばきん　げんどうほうげん

元禄年間、越後国妻有の近村で雷獣が死んでいた。足は六本(前二足、後四足)、尾は三本であった。頭は猪に似ていて、長い牙がある。口の長さは七八寸(約21~24cm)で、尾の長さも同じ。足は六寸(約18cm)で水晶のような爪が生え、水かきがある。狼のような見た目で、体の色は焦げ茶色。三寸(約9cm)の毛が生えていて、鋭い目つきが嫌な感じだった。

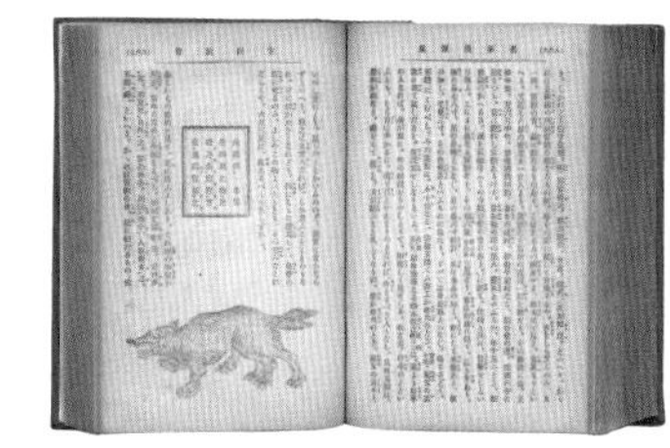

曲亭馬琴「玄同放言」国立国会図書館デジタルコレクションより▲

豆知識 江戸末期の画家・谷文晁によれば、雷獣はトウモロコシを好んで食べるという。鵺(→p40)の正体だという説もある。

妖怪たちが出てくる古典文学

山海経 紀元前4世紀～3世紀頃

中国の地理の本。各地の動植物などのほか、神話に関しても記述がある。日本には平安時代に伝わってきた。

奈良時代

古事記 712年

神話の時代から33代 推古天皇までの歴史が、物語中心に書かれている日本最古の歴史書。

日本書紀 720年

日本に現存する最古の正史※。神話の時代から41代 持統天皇までの歴史が、年代順に記述されている。

※正史…国家事業としてつくられた、その国の正式な歴史書。

平安時代

続日本紀 797年

42代 文武天皇から50代 桓武天皇までの歴史を記した、国がまとめた歴史書。

延喜式 927年

平安時代中期につくられた、法律に関しての細かな決まりをまとめた書物。古代史の研究で重視されている。

和名類聚抄 930年代

平安時代中期につくられた辞書。当時の社会や風俗・制度などを知る資料として知られている。

枕草子 1000年頃

平安時代に清少納言によって書かれた随筆。源氏物語と並び、日本を代表する文学とされる。

平安時代

源氏物語 1008年頃

紫式部によって書かれた長編小説で、古典文学の傑作。世界各国で翻訳され、現在も読まれている。

伊勢物語 平安時代

ある男の成人から死ぬまでを125段の歌で描いた平安時代の歌物語。

鎌倉時代

平家物語 鎌倉時代

平家の繁栄と没落を描いた軍記物語。「祇園精舎の鐘の声…」という書き出しが有名。

源平盛衰記 鎌倉時代

平家物語の異本。源氏と平家の盛衰が詳しく書かれている。

宇治拾遺物語 1242年以後

鎌倉時代に伝えられていた仏教説話や民話を集めた書物。「雀の恩返し」や「わらしべ長者」などを含む。

古今著聞集 1254年

貴族の日記から庶民の噂話まで726話を幅広く集めた、鎌倉時代の説話集。実在の人物が多く登場する。

吾妻鏡 1300年頃

鎌倉幕府がまとめた、初代将軍源頼朝から6代将軍までの出来事を記した歴史書。

授業で聞いたことのある本もあるかもしれない。ぜひ読んでみよう。

鎌倉時代

徒然草 鎌倉時代末期

「つれづれなるままに…」ではじまる日本三大随筆の一つ。
兼好法師が作者とされ、江戸時代に人気が出た。

室町時代

太平記 14世紀中頃

日本最長の歴史文学。南北朝時代を舞台に、
後醍醐天皇の即位からの50年間を描いた軍記物語。

江戸時代

曾呂利物語 1663年

江戸時代につくられた仮名草子。
妖怪が出てくる話などが、全5巻にまとめられている。

伽婢子 1666年

浄土真宗の僧・浅井了意によって編まれた仮名草子。
中国の怪異小説を元に、日本を舞台にした話を収録する。

諸国百物語 1677年

作者不詳。全5巻で、百話の怪談を集めた怪談集。
百物語怪談本の先駆けとして人気を博した。

古今百物語評判 1686年

江戸時代前期にまとめられた怪談本。
当時伝えられていた怪談を集めて解説をした書物。

日本永代蔵 1688年

江戸時代の人気作家・井原西鶴による浮世草子。
町民の生活の心得を描いた全30章から成る町人物。

江戸時代

和漢三才図会 1712年

江戸時代中期に大坂の医師・寺島良安が30年かけて
まとめた、全105巻の百科事典。

稲生物怪録 1749年

寛延2年の1カ月間に武士・稲生平太郎が体験したという
怪異をまとめた物語。内容の奇抜さで人気がある。

新著聞集 1749年

日本各地の奇談を集めた説話集。
全8冊で377話の物語を収録している。

列国怪談聞書帖 1802年

1790年に出版された妖怪画集「異魔話武可誌」の絵に、
十返舎一九の文章を追加して刊行した怪談本。

絵本百物語 1841年

鳥山石燕の「画図百鬼夜行」とならび称される奇談集。
著者は桃山人。竹原春泉斎による多色刷りの挿絵が特徴。

明治時代

怪談 1904年

ギリシャの新聞記者ラファカディオ・ハーンが日本に帰化し、
作家・小泉八雲として発表した怪奇文学作品集。

遠野物語 1910年

民俗学者・柳田国男が遠野地方の民間伝承を集めて
発表した説話集。日本の民俗学の先駆けと称される。

▼「源氏物語絵巻」提供：人文学オープンデータ共同利用センター

さくいん

※(里)は「里の妖怪たち」、(水)は「水辺と道の妖怪たち」、(山)は「山の妖怪たち」に、それぞれ掲載されています。

な

は

ま

や

ら

わ

▲「百鬼夜行絵巻」国際日本文化研究センター所蔵

【参考文献】
秋田の伝説／野添憲治 野口達二(角川書店)、伊那 大草辺の民話・伝説／下平加賀雄(伊那文化研究社)、うしかたとやまうば／瀬田貞二(福音館書店)、
江戸怪談集(上)(中)(下)／高田衛(岩波文庫)、江戸諸国百物語 東日本編・西日本編／人文社編集部(人文社)、怪談老の杖 底本新燕石十種(国書刊行会)、
現行全国妖怪辞典(中国民俗学会)、聴耳草紙／佐々木喜善(ちくま文庫)、玄同放言／曲亭馬琴、神饌／南里空海(世界文化社)、
新編日本古典文学全集 52 ／小島孝之 (小学館)、新編日本古典文学全集 85 沙石集／渡辺綱也(小学館)、綜合日本民俗語彙／民俗学研究所(平凡社)、
竹原春泉 絵本百物語 桃山人夜話／多田克己 京極夏彦(国書刊行会)、遠野の昔話／佐々木喜善(宝文館出版)、東北怪談の旅／山田野理夫(自由国民社)、
土佐の伝説／松谷みよ子 桂井和雄 市原麟一郎(角川書店)、にっぽん妖怪大図鑑／常光徹(ポプラ社)、日本怪異妖怪大事典／小松和彦(東京堂出版)、
日本怪談集 妖怪篇／今野圓輔(現代教養文庫)、日本随筆大成 第一期19 一宵話／秦鼎(吉川弘文館)、日本の民話 九州編／藤澤衛彦(河出書房新社)、
日本の妖怪／小松和彦 飯倉義之(宝島社)、日本の妖怪完全ビジュアルガイド／小松和彦 飯倉義之(カンゼン)、日本妖怪散歩／村上健司(角川書店)、
日本妖怪図鑑(復刻版)／佐藤有文(復刊ドットコム)、ビジュアル版日本の妖怪百科／岩井宏實(河出書房新社)、耳袋の怪／根岸鎮衛 志村有弘(角川学芸出版)、
民間伝承 狼其他の話／真砂光男(民間伝承の会)、妖怪事典／村上健司(毎日新聞社)、妖怪図巻／京極夏彦 多田克己(図書刊行会)、
妖怪草子 一怪し一 妖怪はそこにいる! ／山口敏太郎(ヒールザワールドインスティテュート)、47都道府県・妖怪伝承百科／小松和彦 常光徹(丸善出版) 他

【元絵】
鳥山石燕／画図百鬼夜行・今昔画図続百鬼・今昔百鬼拾遺・百器徒然袋、佐脇嵩之／百怪図巻、竹原春泉斎／絵本百物語、北斎漫画、Monseigneur sac de riz、
妖怪絵巻(Brigham Young University所蔵)、土蜘蛛草紙、歌川国芳／浅草奥山生人形

【著者紹介】
監修／小松 和彦
1947年、東京都生まれ。国際日本文化研究センター所長。
埼玉大学教養学部教養学科卒業。東京都立大学大学院社会科学研究科博士課程単位修得退学。専門は文化人類学・民俗学。
著書に「憑霊信仰論」「日本妖怪異聞録」(講談社学術文庫)」「異人論」「悪霊論」(ちくま学芸文庫)、「百鬼夜行絵巻の謎」(集英社新書ヴィジュアル版)、
『いざなぎ流の研究』『「伝説」はなぜ生まれたか』(角川学芸出版)など多数。

作・絵／中山 けーしょー
1962年、東京都生まれ。本の挿絵やゲームのイラストレーションを手がける。
主な作品に、小前亮の「三国志」、「新版なぞとき恐竜大行進」(理論社)、「信じる? 信じない? 世界仰天ミステリー」(岩崎書店)、
「ビースト・クエスト」(静山社)、「めいろ日本一周・自然の世界遺産を探せ、歴史の世界遺産を探せ」(ほるぷ出版)などがある。
現在は岐阜県多治見市在住。
http://けーしょー.com

伝承や古典にのこる! **日本の怖い妖怪** 山の妖怪たち

2020年 2 月25日 第 1 刷発行

監 修／小松 和彦
編・著／中山 けーしょー

発行者／中村宏平
発 行／株式会社 ほるぷ出版
〒101-0051 東京都千代田区神田神保町 3-2-6
TEL 03−6261−6691

写真協力／ PIXTA、Adobe Stock、123RF、photoAC、フォトライブラリー、国際日本文化研究センター、
人文学オープンデータ共同利用センター、国立国会図書館デジタルコレクション

企画・編集／小宮山 民人
装丁・組版／ CROCO-STUDIO
印 刷／共同印刷株式会社
製 本／株式会社ハッコー製本

NDC388 / 64P / 270×210mm / ISBN978-4-593-58837-4
Printed in Japan